平凡人创造的
非凡历史

汪志明 —— 著

全国百佳图书出版单位
时代出版传媒股份有限公司
安徽人民出版社

图书在版编目（CIP）数据

平凡人创造的非凡历史 / 汪志明著. -- 合肥：安徽人民出版社，2024.6
ISBN 978-7-212-11724-5

Ⅰ.①平… Ⅱ.①汪… Ⅲ.①人物—列传—中国—通俗读物 Ⅳ.①K82-49

中国国家版本馆CIP数据核字(2024)第066480号

平凡人创造的非凡历史
PINGFAN REN CHUANGZAO DE FEIFAN LISHI

汪志明　著

出 版 人：杨迎会	责任编辑：胡小薇
责任印制：董　亮	装帧设计：叶怡涵

出版发行：安徽人民出版社 http://www.ahpeople.com
地　　址：合肥市蜀山区翡翠路1118号出版传媒广场8楼
邮　　编：230071
电　　话：0551-63533258　0551-63533259（传真）
印　　刷：杭州钱江彩色印务有限公司

开本：880mm×1230mm 1/32　　印张：7.125　　字数：160千
版次：2024年6月第1版　　2024年6月第1次印刷

ISBN 978-7-212-11724-5　　　　　　　　定价：59.00元
版权所有，侵权必究

目 录

序言

卷一 先秦时期 平凡人构筑的社会基石

谁发起了中国最早的"不动产交易" 3

两千年前就有"共和"时代 10

"呆若木鸡"背后的大师 15

平民军事家 20

白发"弼马温"退秦军 27

牛贩子也有报国心 33

清明节是为了纪念谁 37

史官的职业素养 40

端鱼的刺客 45

自荐的毛遂做了什么大事 50

伴读的报复 56

鸡鸣狗盗之徒 62

基层官吏留下的大秦律 66

卷二　汉晋时期　平凡人创造的天下格局

西汉定都长安来自谁的想法　73

弱女子废止西汉肉刑　78

婢女外交家　84

36人使团　88

太监发明家　92

前线的信使　96

改变连坐法的无名氏　101

卷三　唐宋时代　平凡人见证的盛世与乱世

谁引发了玄武门之变　109

失职守卫成就了西天取经　113

五品小官征天竺　118

剖心明志的大唐胡人　122

谁杀死了安禄山　126

燕云十六州因谁失去　130

灭亡南唐的落榜文人　134

改变辽国命运的厨子　139

目 录

北宋巡逻队队长终结辽国不败神话　144

谁促成了澶渊之盟　148

北宋科举因谁改变　155

见证王安石变法的囚犯　161

安葬岳飞的小狱卒　168

卷四　元明清　平凡人引发的动乱与变革

元朝的外国太监　175

假钦差闹剧　181

谁让明朝失去了辽东　186

学霸查税引发的大乱　191

番薯如何进入中国　199

导致大明议和失败的书童　203

清宫秘闻的源头　208

山寨经书的作者　213

序　言

有心栽花花不发，无心插柳柳成荫。

本书原是一部讲述人类历史故事的作品，我却首先要感谢一位昆虫歌手——知了。对了，它有一个好听的官方名字——蝉。

2020年盛夏的某个夜晚，喧嚣了一整天的城市渐渐沉寂，进而像是被关闭了电源一样，悄无声息。天上的星河一跃入目，四周寂静无声，似乎只听得见自己的心跳声。静谧的自然环境，对于一个非职业音频工作者来说，无异于上天赐予的专业录音棚。事实上，人与自然本身就如同人与历史一样，无法分割。而自然也并非一个虚拟的概念，它是触手可及的精彩世界，同时，还是我们天然的工作、娱乐场所和门类齐全的粮仓。只可惜，现在已经很少有人对自然的馈赠心怀感恩了。

夜深人静时，我开始录制中国古代史相关的音频节目《伟大的逆袭》，正讲到晋国的权臣赵盾逼迫史官董狐篡改自己弑君的史实。在我为赵盾的卑劣行径感到不齿之时，窗外的一群知了不适时宜地鼓噪了起来。它们时而独鸣，时而合奏，高低起伏，抑扬顿挫。

令我哭笑不得的是，我是录完音进行后期剪辑的时候才发现这群不速之客的。

那期节目，我把状态调整到最佳，用最真挚的感情去讲述，当然不甘心毁于知了的掺和。于是我想，不如就把知了声当节目的背景音乐得了。可是转念一想，这未免也太不和谐，犹如禅意尽显的千年古刹中，忽然演绎了一段天籁般高音独唱或气势磅礴的交响乐章。

没办法，我只能全部推倒重来。

重新构思后，我临时决定在讲晋国篡改历史的故事时，将思路延伸到东方的齐鲁大地，看一看礼仪之邦的发源地是不是也有这种礼崩乐坏的事情发生。

果然无独有偶，齐国也发生了臣子弑君的恶性事件。这东边的崔杼好像和西边的赵盾约好了一样，两人都干过逼迫史官歪曲事实的行径。只是齐国的崔杼更甚，竟然一度杀了3个史官，企图掩盖自己的罪行。然而，在前仆后继、秉笔直书的齐国史官记载下，崔杼最终还是被钉在了历史的耻辱柱上。

正是太史们不畏强权，用自己的性命做赌注，最终才为后世留下了确凿可信的历史。而他们的故事，千百年来也一直激励着人们追求事实，坚持真理。其实，相比那些王侯将相、英雄豪杰，我觉得历史上有太多的小人物值得尊重和记录。通过延伸晋、齐两国史官的故事，我又联想到历史上很多小人物，诸如信使、谒者、门客、书童、园丁、石匠、裁缝、刺客、流浪汉们的故事，他们或因阴差阳错或因历史进程使然，客观上不同程度地创造了新历史，推动了人类文明发展。

始于兴趣，终于虔诚，在细细感受历史的风尘中，最终这些小人物的故事得以成书。

感谢知了的捣乱，让我无心插柳，进而延伸出这部作品。或许这就是所谓的蝴蝶效应吧，扇动翅膀的是一只千里之外的蝴蝶，恰似历史的发展，往往只是一个默默无闻的小人物的无意之举，却使得历史的巨轮宿命般地转动起来，裹挟着万物缓慢而坚定地滚滚向前。

世间万物皆有联系，犹如缘分，妙不可言。

最后，感谢我的爱人数年来对我的理解与支持，使我能在日益浮躁、喧嚣的生活中，始终保持一颗安静、从容的心，坚持文学创作。同时，也要感谢出版社的编辑老师们，正是你们的精心编校，仔细核查，才帮我这么一个业余选手把零散的内容打磨到了出版的标准。你们的专业指导与鼎力支持让这本书得以问世，与读者结缘。再次感谢！

汪志明

2023年12月25日

卷一　先秦时期

平凡人构筑的社会基石

谁发起了中国最早的"不动产交易"

在遥远的古代,没有不动产、房地产的说法,土地是硬通货,土地的分配往往伴随着流血牺牲,要么是征战抢夺,要么是立功分封,除此之外,再无他法。而开不动产交易之先河的人,是周朝时期一个名为裘卫的小人物,在他之前,我们根本找不到任何有关土地交易的信息。

裘卫本人并不是什么王公贵族,光从名字中就可以看出。裘,指的是动物皮毛,所以裘卫家族所从事的工作基本上和畜牧业脱不开关系。既然他是平民百姓,而平民百姓基本上是没有机会获得分封的,那他用来交易的土地是哪儿来的呢?

裘卫自己开辟了一条新路。这条新路,让人们有了获得土地的新途径,他还别出心裁地把这事刻在了鼎上。

夏商周时期,鼎一类的青铜重器是神圣不可侵犯的,是代表等级和权力的礼器。从某种意义上说,鼎象征着使用者的高贵地位。然而裘卫却将不动产交易这件事情,光明正大地刻在了鼎上,这在当时是不可想象的。因为平民们不要说使用鼎,就连见到鼎的概率都非常小，更不要说用自己的名义铸鼎，还刻上铭文了。

裘卫一共铸造了四个鼎。第一个鼎叫作"卫簋"。"簋"这个字非常生僻，原意是一种盛放食物的青铜器，它其实和我们一般所见的鼎不同，但二者都是礼器和贵族身份地位的象征，在这里为了叙述方便，就一律称为鼎了。总之，鼎与簋都与吃饭用的器物有关，如今北京东直门内的餐饮一条街，就叫簋街。言归正传，当时裘卫年少气盛，心怀抱负，直接到周王室应聘，想谋得一个职位。原本只是抱着试试看的态度，没想到这一路竟非常顺利，最终他通过了王室的复试，得到了司裘这一职务。这个职务在当时属于政府职员，相当于今天的公务员。

参加考试的不只裘卫一人，一起得到职务的新人们在办理完王室的入职手续后，得到了天子的召见。毕竟，这群人代表了当时的精英群体，即将为周王室服务，不管是走形式还是真心实意的祝福，周王都要表示一番。

裘卫铸造的卫簋上就记载了这件事情。因为对于平民百姓来说，得到天子召见肯定是天大的荣誉，裘卫将此事刻在鼎上，说明他非常重视这次工作机会。

裘卫铸造的第二个鼎叫作"卫盉"。据鼎上所刻的铭文记载，周共王三年（前920）三月，周天子要在丰邑举行禘旅典礼。

按照当时的制度，各路诸侯都会参加典礼、朝觐天子。礼仪规定他们必须佩戴瑾璋，身上所穿的服装也要华美得体。

在这里，我们必须提到另外一个人——矩伯。矩伯是一个没落的贵族，除了祖上获封的土地之外，基本上没有其他财产。但是朝觐天子的时候，又不能穿得太寒酸，矩伯没办法，只能找到裘卫，希望裘卫能够借几件比较华丽的衣服给他。有困难时向好朋友张口求助，总算是条出路。矩伯这位草根出身的好朋友裘卫表示，自己愿意在他困难的时候，有偿地拉他一把。

从这件事情上我们也能够看到，裘卫虽然只是一个小职员，但是他的职权可不小。裘卫管理的是王室的皮毛生意，那可是很多平民可望而不可即的东西。我们甚至可以大胆地猜测，裘卫在私下里，可能还做着自己的小生意，而且买卖还不错。

既然矩伯开了口，裘卫自然愿意出借，但必须有抵押物，裘卫可不干赔本的买卖。双方商量，矩伯用10块田作为抵押，从裘卫那里借瑾璋；用3块田从裘卫那儿借玉饰和礼服。

除了抵押物，双方还定下了相应的规矩。如果矩伯没有按时归还借来之物，那么这些田地就永远抵押给裘卫。

可能有人会问，买卖土地难道不违反周朝的制度吗？毕竟周朝的法律规定"溥天之下，莫非王土"，土地为天子所有，严禁私自买卖。然而在这次矩伯和裘卫的约定中，有两个非常重要的词："永远"和"抵押"。矩伯的土地永远抵押给裘卫，并不改变所有权，这就不违反周朝有关土地的制度。可以理解为，裘卫打了一个漂亮的擦边球，在违法的边缘疯狂试探，没有露出任何破绽。

裘卫之所以敢借给矩伯这些东西，是因为裘卫知道矩伯除了土地一无所有。如果矩伯违约，那么他就失去了唯一的财产。即便是土地被矩伯及时赎回，裘卫也不会着急，因为只要天子还要召见诸侯大臣，矩伯就要继续向自己借华丽的礼服和瑾璋，到了那个时候，矩伯会再次向裘卫抵押自己的土地。

总之一句话，这是一个稳赚不赔的买卖，裘卫占尽了优势。为确保万无一失，裘卫还把这件事情非常详细地告诉了伯邑父、荣伯、定伯、亮伯、单伯等执政大臣。

于是，在各位大臣们的见证下，裘卫和矩伯将所列条件写得一清二楚，达成了协议。裘卫把礼服和瑾璋借给了矩伯，而矩伯的土地也一块不少地被裘卫收入囊中。事成之后，裘卫制作了青铜器卫盉，希望自己能够得到老天爷的祝福。

在当时，鼎经常用于祭祀。裘卫希望通过祭祀，把自己和矩伯交易土地的这件事情禀告早已经去世的父亲惠孟。

在西周时期，土地买卖是被绝对禁止的。当时所有的土地都归天子所有，平民百姓使用土地要交税，诸侯也不可以进行土地交易。周天子赐给贵族封地，即便贵族不想要，也不能擅自卖给其他人，而且周天子还有权将土地收回。因此，诸侯们只能一辈子死守着自己的封地。在此期间，肯定有人尝试过土地交易，但是下场一定都很惨。就在这种背景下，裘卫打了一个漂亮的擦边球，用一个合法的手段把矩伯的土地收入囊中。

裘卫之所以能办成大事，正是因为他胆子大，而且聪颖过人，他的想法非常超前，胜过了当时的大部分人。似乎从工匠刻完卫盉上最后一个字的最后一笔起，周王朝就开始走下坡路，而裘卫家族则开始发展壮大。

周共王五年（前918），裘卫奉天子命，建设"二川"工程。也就是说，裘卫开始承包土建工程了。既然是土建工程，必定会涉及拆迁问题。这次裘卫碰到了对手，拆迁对象是贵族邦君厉。经过数轮斡旋沟通，裘卫提出条件，用自己的5块田对换邦君厉的4块田，邦君厉同意了。工程随即破土动工，进行得十分顺利。裘卫此举其实并不亏，如果能够按时完成工程，那么他所得到的奖赏远超所付出的田产价值，这当然合算。

眼看裘卫利用工程要一步登天，邦君厉心里不平衡了。于是他当即反悔，开始组织社会闲散人员闹事，导致裘卫的大工程不得不暂时停工。裘卫该怎么办？他面前有3个选择。

下策是组织现场施工人员，和那些闹事的人硬碰硬；中策是和邦君厉再次谈判，再给他一点好处；上策是找周天子出面，主持公道。

裘卫多聪明啊，不到万不得已，他能选择下策和中策吗？上策才是他的首选。

于是，裘卫找到了周天子和众多大臣申诉，他说："你们得主持公道，否则这活干不下去了。如果天下的贵族们都不守信用，那咱们大周王朝的社会根基也会受到伤害。"这一下就拔高了一件小事的危害程度，王室立刻派人传证、核对，邦君厉很快承认了确有此事。

执政大臣随后做出裁决：双方此前签订的协议是有效的，应该按照协议执行，邦君厉必须遵守协议上的条款，不能再次违约，如果再次违约，就会受到严厉的处罚。这大概是中国历史上能追溯到的最早的地契。毕竟，这个协议经过了天子和众大臣的认可，效力已经与地契十分相近。

裘卫铸造的第三个鼎——"五祀卫鼎"，记录了这件事。

在古代，如果你买了一块地，就可以直接在土地上建房子。因此，地契还兼有房产证的功能。在更远古的时候，我们的祖先刚刚学会使用工具，住在山洞中，过着茹毛饮血的生活。他们没有所谓的"房产"概念，更没有货币的概念，当然也就没有土地交易的说法。所以说，从华夏文明出现开始，一直到裘卫进行土地交易的这一刻，其间数千年，没有一个人进行过土地交易。裘卫开创了先河。

从另外一个角度看，周王室支持裘卫，并严厉警告了王室贵族，说明裘卫这几年的职业生涯已经在某种程度上得到了领导和同事的认可，可见裘卫也是一位人际关系学的大师。

裘卫出身不好，自己的家族和王室没有任何关系，完全凭借一人之力，利用多年经营的人际关系打败了王室贵族。这对他来说称得上是辉煌成绩，所以他把这件事情刻在鼎上。

裘卫铸造的第四个鼎——"九年卫鼎"上记载的事情，更说明裘卫不是一般人。鼎上铭文一共竖排19行，195字，记录了裘卫和矩伯的另外一次交易，这一次裘卫得到的更多。

周共王九年（前914）正月，周天子在驹宫以盛大的礼仪接见眉敖（微国国君）派来的使者。矩伯再一次为了自己的颜面向裘卫开口，求借一辆豪车及车上的装饰品。为了让自己的夫人显得不那么寒酸，矩伯又借了几件漂亮的礼服和饰物。当然，抵押物是必需的。这次的抵押物是一大片林地，条件和上次一样，如果不按时归还，林地就永久抵押给裘卫。有了上次交易的成功经验，这次交易也在双方和谐欢乐的气氛中顺利完成。

裘卫一生中的大事几乎都刻在了青铜器上，他希望用这种方式来永久记录下自己的奋斗史。到了今天，这些刻在青铜器上的历史事件成了历史学家们研究西周社会、政治、文化、经济的史料。裘卫的本意只是希望自己的后代能永远牢记祖上的功绩，没想到几千年后，裘卫家族早已不复存在，可后人仍然能通过青铜器上的铭文了解他的一生。

在中华文明上下五千年的历史长河中，像裘卫这样留下零星记录的人不计其数，如今都成了我们宝贵的文化财富，似乎在向世界诉说着我们这个伟大文明的特殊之处。一个五千年没有断层的文明，始终散发着无穷的魅力。

两千年前就有"共和"时代

"共和",这听上去是个很新的词,好像要到近代才会出现的样子。其实不然,很久以前,这个词就出现在我们的历史上了。而这都是因为一大群不知姓名的普通人掀起了一场暴动,逼得天子逃出了国都。

这一大群平民的人数到底是多少?没有任何一部史料上有详细的记载。但是,按照我们今天的标准来看,没有几万人组团合力,是干不成这件大事的。这群人的身份都是农民,其中可能还掺杂了极少数的商人、匠人等,在当时可将他们统称为"庶人"。封建社会中,农民是数量最庞大的人群,是整个社会的基石。可惜的是,周王朝没有一寸土地是属于他们的,田野、山川、河流、森林似乎都被打上了贵族的标记。

贵族们一生无须耕种,却能占有无穷财富,还拥有征收赋税的权力。所谓赋税,就是农民耕地需缴纳的租金。因为土地不属于农民,农民想要种地活命,就必须向土地的所有者缴纳租金。土地的所有者只管收税,不管实际收成。如果遇上风调雨顺还好,农民一年辛苦到头，还能给自己留下一些粮食；一旦遇上大灾之年，田里就可能颗粒无收。

无论风调雨顺还是大灾之年，租金都是要交的。农民想要活下去，只能接受这套规则，至于收成就看天命了。为了便于管理和种植，朝廷用纵横交错的道路和渠道把土地分割成方块，因为形状和"井"字相似，所以这种制度也叫作"井田制"。周王朝的"周"字，原本指的就是农田。那时的"周"字是这么写的：4个方格里各有1个点，方格表示界限分明的农田，点就代表田里种满了的庄稼。后来又在下面加1个口字，表示国家政令所出。最后经过不断演化，"周"字才变成了今天这个样子。

在井田制下，农民们除了缴纳税赋之外，还要为贵族们做其他体力活，且得不到任何报酬，这种压迫的专业名词叫"力役"。比如，国家要修建一些大型的工程，类似运河、道路等，就需要农民们无偿劳动。换句话说，你给我免费做劳力，最后的功劳都是我的。面对这种情况，农民们无力反抗，只能遵从。久而久之，贵族们为了自己的私心，增加了很多力役，名目繁多。

即便这样，普通老百姓依然不会反抗。因为一旦离开这片土地，他们就只有饿死的份，唯有依靠从贵族手中租来的土地才能养家糊口。

但是，人的底线再低，也是有限度的。在西周周厉王的统治下，老百姓实在是活不下去了，只剩下反抗这一条道路。当时，周王朝经常动用武力来维护王室的威严。不论在哪个年代，只要采用军事行动，就会劳民伤财。周王朝看似富裕，但国库不足以支付军费，还是要向百姓要钱。如此一来，社会底层的老百姓就很为难了：一年下来，能够不饿死就已经是万幸了，哪来多余的钱供王室剥削？

老百姓拿不出钱，周厉王不但不会体恤他们的艰难，反而继续横征暴敛，在荣夷公的教唆下，他竟然颁布了一个所谓的"专利法"。这法律的核心思想是，天下的资源都是周王朝的，百姓使用自然资源都必须向周王朝交税。换句话说，百姓眼中所能见到的一切，飞禽走兽、山川河流，都是周王朝的。不管百姓想要捕猎、砍柴，还是想去种田，只要你能想得到的人类活动，都必须交税。百姓唯一能免费做的事情，可能就是吹西北风、晒太阳了。

虽然这是周朝王室下发的命令，可老百姓实际上是在贵族们的土地上劳动，直接向老百姓收税的是贵族们。周厉王此举，只是为了让老百姓跳过向贵族交税这个中间环节，如此周王室将直接获得更多的赋税。

本地贵族们世世代代享受着荣华富贵，早就习惯了奢华的生活。如今周天子突然抢走了一大半赋税，等于减少了他们财富的来源，他们当然不会同意。这些贵族平时可能还听周天子的命令，可一旦涉及真金白银的利益问题，他们的本质就暴露了，开始与王室展开对抗。

此时周天子的命令已经下发全国,并且在执行了。从政治层面上讲,贵族已经输了一半。面对现实,反抗还需要策略。首先,贵族们进行了大量的宣传工作,从舆论上创造优势。一时间,天下到处都是反对周厉王的声音,大有全民起义的阵势。很快,天下人民同仇敌忾,周厉王的日子开始不好过了。这时候,一些消息灵通的大臣们感觉到不妙,害怕爆发农民起义。

在平时,这些贵族大臣可能并不把农民当作真正的人来看待。但他们心里清楚,一旦农民们联合在一起,那就是一股不可战胜的力量。于是,几位大臣赶紧劝说周厉王,希望他废除专利法,不然的话可能导致天下大乱。周厉王能颁布令天下人憎恨的专利法,说明他并不是一个明智的人。这一次,他还是很自信,不认为自己的做法有错,不仅听不进大臣们的建议,还使出更严苛的手段镇压反对的声音。

周厉王为了让臣民闭嘴,请来了大量的巫师,成立了一个类似于明朝锦衣卫的机构,专门控制天下人的言论。一旦发现有人散布不当言论,立刻杀头。这一招很管用,别看老百姓们私下对周厉王怨声载道,可自从有了这个机构,大家一下子变得安静了。

在这段时间内,全天下的人都不敢轻易开口,生怕说错话。在路上碰到朋友,也只敢互相对视,不发声。成语"道路以目",就是源自这里。

这件事还产生了一句名言——"防民之口,甚于防川",足见当时的情况有多严重。正所谓不在沉默中爆发，就在沉默中灭亡。活不下去的农民在贵族的煽动下，选择了爆发。经过三年的发酵，暴动终于发生了。商贩、农民、工匠等所有平民百姓，高举锅碗瓢盆、砖头瓦块冲向了王宫，周王室的军队根本不愿意抵抗，选择直接放行。

周厉王见他们来势汹汹，自己无力反抗，立刻离开周王宫出逃，逃到了彘地（今山西霍州市），才算躲过一劫。彘是野猪的意思，根据古代命名的规则，这个地方荒芜偏僻得只有野猪横行。

周天子出逃在外，都城里的朝廷自然也就形同虚设，而他颁布的专利法就此废除。这次暴动是平民们利用自己的力量，迫使一个制度被强制废除。这样的事件，在中国古代历史上是非常罕见的。14年后，周厉王去世，周朝的两位贤臣周定公和召穆公把周天子的位子交给了周厉王的儿子姬静，也就是周宣王。在没有天子的14年里，人们推举周定公和召穆公共同管理国家，史称"共和执政"。庶民们暴动的这一年，就是共和元年——公元前841年。从这一年开始，中国的历史脉络变得清晰起来，不论是大事小事，都有了相对详细的年代记载，一直延续到今天。这样记录历史的习惯让很多历史事件到今天依然有史料可查。而在此之前的历史年代其实是有一些模糊的，所以我们更多会通过考古证据与文献记载对照的方法进行合理推测和判断。

"呆若木鸡"背后的大师

春秋时期的纪国有一位斗鸡训练大师，名叫纪渻子。他巧妙地利用自己的本领，让周天子保护纪国免于齐国的攻击，使纪国得以延续了近一个世纪的时间。

当时的纪国大概位于今天的山东省寿光市境内，东临大海，西边就是齐国。两国过去结怨，纪国国君曾在周夷王那里诬告齐哀公，以至于齐哀公被周夷王用大鼎烹杀而死。

有这样的仇恨在前，后来齐国的历代国君似乎都把灭掉纪国当作自己的首要任务。纪国疆域也不算小，按理说实力应该不弱，但还不足以和齐国抗衡。因此，纪国上下每天都担心齐国展开报复，连晚上睡觉都不安稳，仿佛稍不留神就会在睡梦中被齐国人斩首。

俗话说，死亡并不可怕，可怕的是等待死亡的过程。处于恐惧之中的纪国必须要采取措施，解决眼下来自齐国的威胁。纪国曾经想过和鲁国结盟，两个国家一起对抗齐国，胜算怎么说也比单打独斗大。但鲁国也不是强国，想要依靠这个同样受到齐国欺负的国家，显然是不靠谱的。最保险的方法，也是最无奈的方法，就是求助于周天子。

虽然齐国综合实力强大,但是周天子毕竟地位尊贵,齐国怎么说也得给周天子面子,按照当时的制度,齐国不可能公然违抗周天子的命令,不然会引发诸侯众怒。可是周天子凭什么开口帮忙?除非博得了周天子的欢心。

奉承,其实也是一门技术活。纪国人决定从周天子的兴趣爱好入手,也就是斗鸡。春秋战国时期,斗鸡属于全民游戏,上至周天子,下到平民,皆沉迷其中无法自拔。平民之间的斗鸡游戏,往往只是在劳作之余进行一种娱乐活动而已。贵族之间的斗鸡比赛就不同了,因为贵族们不缺钱,他们经常在斗鸡身上下注,这就让斗鸡游戏变成了一种赌博。

斗鸡的时候贵族们都聚在一起,给一些有心之人创造了一个私下结交的机会。有野心的臣子们借此聚在一起,商量谋权事宜。鲁国就曾因为斗鸡而引发了巨大的政局动荡,国君被一群聚众斗鸡的"玩家们"打跑了。可以说,这是贵族们骑在鸡背上,用鸡代替战马,赶跑了鲁昭公。

当时的天子是周宣王,他喜好四处征战,自然对斗鸡这种游戏爱得不能自拔。要是打仗,可能需要几个月甚至几年才能分出胜负。而斗鸡在短时间内就能够斗出胜者,这让周宣王获得了感官刺激。虽然周宣王养了很多的斗鸡,但战斗力却都不怎么样,这让周宣王心情郁闷。这斗鸡要是一直输,那还玩什么?

纪国人打听到这个消息，立刻感觉机会来了。纪国的斗鸡大师纪渻子，马不停蹄地来到周天子身边，开始为周天子训练斗鸡。全纪国的希望，都寄托在这位训鸡大师的身上了。

没过多长时间，周天子就迫不及待地召见了纪渻子，询问训练的情况。

纪渻子回答："训练还不够，这群斗鸡最近总是显露高傲的神态，甚至还有些盛气凌人，这是内心空虚的表现。"

周宣王听罢，立刻明白了情况。斗鸡的这种情况，是心浮气躁的表现，看来还没训练到家。

过了一段时间，周宣王又召见纪渻子询问斗鸡的训练情况。

纪渻子回答："眼下的这群斗鸡，只要听到其他鸡的叫声，或者看到其他鸡的影子，就会出现极大的反应，这说明它们很容易受到外界影响，内心不够强大。"

听到纪渻子如此说，周宣王只能继续推迟斗鸡比赛。

又过了一段时间，周宣王的耐心消磨殆尽，他甚至觉得自己被纪渻子耍了。忍无可忍的周宣王下令把纪渻子抓进宫殿，当面质问他到底是怎么回事。

没想到，纪渻子没等周宣王质问，就先开口了："现在的训练已经到了关键的阶段了，这群鸡目光敏锐，斗志昂扬，但是心中却充满了怒气。"

周宣王听不进理由，直接问道："你就说我的斗鸡到底能不能参战？"

纪渻子斩钉截铁地说："不行！"

周宣王大怒，骂道："你都训练了那么长时间，每问你一次，你都给我一堆的理由，到现在了还说不能参战，到底什么意思？"

纪渻子说："您的斗鸡，虽然整体素质很不错，但是距离真正的鸡中大将还有一段距离。这一段距离是最难克服的。"

周宣王威胁要杀了纪渻子，可是纪渻子依然很坚持："大王就是杀了我，您的斗鸡也赢不了。我依然反对让您的斗鸡去参战。"

好家伙，死到临头还理论个没完。周宣王怒极反笑，打算索性再信他一次。于是放了纪渻子，又给了他一次机会。

10天后，周宣王不想再听纪渻子讲理论了，带着一群人直接冲进训鸡场，逼迫纪渻子交出斗鸡，否则就要他的脑袋搬家。

这一次，纪渻子终于同意让斗鸡参赛。

周宣王反而不放心了，纪渻子为了安抚周宣王，解释道："现在的斗鸡，就像木头雕成的一样，即便是面对一群对手，也不会害怕。而别的鸡看到它都要绕着它走，甚至都不敢看它。"

周宣王一听，这么长时间没白等啊，终于有收获了。于是周宣王便迫不及待地举办了斗鸡比赛，他想要看看这斗鸡大师训练出来的鸡到底有多强大。

斗鸡比赛开始了，那些普通的斗鸡，看到纪渻子训练出来的斗鸡，果然都绕道回避。有几只胆子大一点的鸡和这只王牌斗鸡交了手,但没几个回合就败下阵来,仓皇而逃。

纪渻子训练的不仅仅是斗鸡的战斗本领,还有斗鸡的内心斗志。长期的训练让斗鸡达到了一种独特的境界,它外表看着木讷迟缓,实际上内心刚毅悍勇。在今天,我们形容一个人痴傻呆愣,经常会用"呆若木鸡"这个成语,这个成语就出自纪渻子训斗鸡的典故。其实,"呆若木鸡"本来是指一个人大智若愚,而不是痴傻,只是在后来逐渐改变了本义。

不管怎么说,纪国的计谋奏效了。周宣王玩得开心,自然更加看重纪渻子,连带着纪国也得到了周宣王的庇护。周宣王在位的46年间,纪国风平浪静,齐国不敢轻易对其动手。

但人总有寿终之时,周宣王去世后,纪国便失去了靠山,生死存亡只能靠自己。偏偏纪国一直是个力量薄弱的小国,没能力发展壮大,而齐国的历代国君都没有忘记齐国和纪国之间的仇恨。公元前690年,齐国发兵彻底消灭了纪国,完成了复仇。

如果没有纪渻子这个有一技之长的小人物,可能纪国会早灭亡几十年。他凭一己之力,保护了自己的国家。当然也不能忘记故事中的另一位功臣——斗鸡。按今天的眼光看,鸡这种动物起码该成为纪国的吉祥物,不然还真对不起鸡对纪国的贡献。

平民军事家

春秋战国时期的齐国是一个实力强劲的大国，它的邻居鲁国在与齐国当邻居的几百年间，可是没少吃苦头。齐国动不动就与鲁国开战，鲁国不像齐国那样国力雄厚，能在战后迅速恢复，而是需要几十年的时间才能逐渐恢复国力，这让鲁国的百姓苦不堪言。

当时"礼崩乐坏"，列国之间纷争不断，夸张一点来说，它们就像一群精力充沛的斗士，动不动就要"约架"。齐桓公当上春秋五霸之一后，又打算和鲁国打一仗。根据当时的战争礼仪，齐国先给鲁国送去一份交战书。上面明确写着，我们齐国要在公元前684年的春天，到长勺这个地方摆开阵型。你们做好准备，咱们掐一架。

此时的齐桓公，可以说是整个春秋时期的霸主，他根本想不到自己会栽在一个小人物的手上。执掌鲁国的是鲁庄公，他看到齐桓公送来的战书，一时不知道该怎么办才好。

无论贵族还是士大夫，都对如何解除战争危机毫无头绪。

战书已下，这一战已无法避免，此时要做的就是拿出一个胜算比较高的作战方案。如果此战失败，鲁国必定损失惨重，甚至遭受灭国之灾。此诚危急存亡之秋也。就在这个关键时刻，一个名叫曹刿的农民，主动来到鲁庄公身边，希望自己能够对这件关乎鲁国危急存亡的大事发表一点看法。

当时的等级观念非常强，曹刿的很多农民朋友都劝说他不要去，这些大事自有大人物来解决，咱们平头百姓，还是老老实实做咱们的农民吧。可是曹刿却说："这些大人物平时养尊处优，好像满腹经纶，但实际上有很多都是目光短浅的人，指望他们来定夺国家大事，那国家一定是没有希望的。咱们老百姓也会跟着遭殃。"

曹刿坚持要见鲁庄公，他独自一人来到了王宫。鲁庄公听说有人来献计，也顾不得曹刿的身份是农民还是贵族，立刻召见，询问策略。还没等心急的鲁庄公开口发问，曹刿反而先说话了："您准备靠什么来战胜齐军呢？"

鲁庄公说："我平时很大方，对所有人都很好，好东西也都会和大家一起分享。"

"这些都是小恩惠，光靠这个可不行。"

"我对祖先和神灵都非常尊敬，按时祭祀，每次祭祀的时候贡品都摆放很多。"

"这个充其量只能说你对神鬼讲信用，可那些神鬼不一定也能守信来帮助。"

虽然曹刿出身低微，还对鲁庄公信奉的祖先出言不逊，但他的言辞很有道理。

于是鲁庄公继续说:"大大小小的案件,我可能做不到每一件都明察秋毫,但是我一定追求公开、公正、公平。"

这个回答令曹刿满意了,他说:"这一点的确很重要。您能够想到百姓的疾苦,就一定能得民心。得民心者得天下,看来鲁国还是有希望的,那么我们也是有胜算的,所以请您出战的时候一定带上我。"

鲁庄公问道:"你到底有什么高招?"

曹刿笑了,他知道鲁庄公对他还不够信任,便说:"战场上一定要见机行事,所以咱们两个坐在同一辆战车上,到时候我一定让您满意。"

鲁庄公只好答应。

很快齐鲁两国约定的"掐架"时间到了,双方来到了指定地点,准备开战。

齐国的大将鲍叔牙认为在这场战斗中,齐国必胜无疑,对面的鲁国不论从哪一方面看都比不上齐国。于是,齐国军队准备妥当之后,鲍叔牙立即命令大军行动,擂鼓进军。鲁庄公本来就心里没底,看到齐国大军杀过来了,就想命令军队冲锋,抵挡齐国的进攻。曹刿马上拦住鲁庄公,并让鲁庄公下令,让军队不要轻举妄动。

齐国大军越来越近,已经杀到眼皮底下了。鲁庄公的心脏都快要跳出来了,但是他答应了要听曹刿的话,只能让军队暂时原地不动。齐国军队看鲁国军队没动静,于是退了回去,没过一会儿,战鼓又起,齐国军队再一次冲锋。曹刿继续让军队原地不动,齐国军队见对方还不动,只能又退回去。

不得不说,当时打仗还是很讲规矩、懂礼仪的。就像中世纪的欧洲战场一样,双方站成一排,一起开枪,至于谁中枪倒地,完全听天由命。春秋时期的战争需要双方都摆好阵型,相互冲锋,所以鲁国军队不动,齐国军队也不好直接攻击,以免落下一个偷袭的恶名声。

鲍叔牙见鲁国军队没动静,认为他们没有胆量交战,于是扬扬自得地让军队继续冲锋,打算吓破他们的胆。齐国士兵的想法估计和鲍叔牙一样,认为鲁国是胆小怕事。所以第三次冲锋时,齐国军队已经没有了斗志。他们认为冲锋仅仅是为了吓唬鲁国,没打算进行战斗。

没想到,这次鲁国应战了。就在齐国军队无精打采之时,鲁国军队全军出击,如狼似虎,像一把利剑,径直插入齐国军队。齐军根本没想到鲁国有胆量反击,所以没有做任何准备。一时间齐军内部大乱,仓皇而逃。

这下鲁庄公可高兴了,本以为鲁国没有胜算,结果却打了一次胜仗,这必须要乘胜追击,扩大战果啊。他刚想下令,曹刿又一次站出来了:"您先别着急,让我观察判断一下。"曹刿在战车上望了望齐国的溃军,又下车看了看地面,充满信心地告诉鲁庄公是时候追击了。

结果可想而知,鲁国军队大获全胜,齐军大败。而这一战就是历史上著名的"长勺之战"。战后,鲁庄公的脑子里全是问号:曹刿到底是怎么做到的,能让这弱国军队战胜强国军队?此时,曹刿说出了一句名言:"夫战,勇气也。一鼓作气,再而衰,三而竭。彼竭我盈,故克之。"意思就是,打仗靠的是士气,齐军第一次擂鼓进军,齐国军队士气高涨;齐军第二次擂鼓进军,齐国军队的士气就大不如前了;等到第三次擂鼓进军,齐国军队已经没有多少士气。齐军三鼓之后,士气大落,而我方士兵却士气高涨。这个时候我们一鼓作气地杀过去,当然会赢。

这个故事,就是成语"一鼓作气"的由来。鲁庄公脑子里的问号依然很多:"那我想要追击的时候,你为什么阻止我呢?还有,你那个时候上上下下地在看什么呢?"

曹刿耐心解释:"齐国是个大国,我们必须谨慎对待。我担心齐国退走是在用计谋引诱我们,所以不敢让军队追击。然而,我看到他们的军旗东倒西歪,车辙一片混乱。这个时候我才确定,齐国真的是全线溃败,所以阵线很乱。因此我才敢让您追击。"鲁庄公恍然大悟,他开心得不得了,连声称赞。

一向喜欢攻击邻国的齐国,终于遭遇了大败。鲁庄公能够以弱胜强,主要是因为鲁庄公为人和善,面对曹刿这样的平民也能够耐心听取意见。这样的国君，必得人心。其次，曹刿的确是一个聪明人。他知道什么时候该进军，什么时候该按兵不动，以及什么时候该主动追击，时机把握得刚刚好，就连很多带兵打仗的将军也未必能在战术的运用上做到如此炉火纯青。

也许很多人都会觉得在今天看来齐国军队的行为让人难以接受。明明是一个强国打一个弱国，胜负早就决定，却偏偏打输了。齐军冲过去，见鲁国军队没动又退回来。退回来干什么？直接冲过去，鲁国军队的阵线或许就彻底乱套了，到那个时候被追击的就不是齐军而是鲁军了。结果呢，齐军看鲁国军队没动，竟然冲锋两次，退回来两次，不得不说这是鲍叔牙指挥上的失误。

曹刿一直怀疑齐国诈败，实则设有埋伏，其实这种想法是多余的。齐军作为一个强国来攻击鲁国，根本就没想过自己会失败，更不会设一个局等鲁国军队来钻。在齐军的想法中，这就是一场有赢无输的战斗，没必要搞那些小计谋。从某种意义上说，曹刿多心了。

当初曹刿见到鲁庄公，一开口就问他准备靠什么赢得战斗。而鲁庄公的一番话也的确很有道理，鲁庄公待人和善，体贴士兵，并且认为祖先会保佑自己和鲁国。

曹刿却认为，这些都不行，靠这些只能等着挨打。因为曹刿看出来，在鲁庄公心中，这场战斗还是常规的"礼乐"制度中的战斗，但是曹刿要打的，是一场创新性的战斗。

按照当时的战争礼仪，齐军冲锋后，鲁国军队是不应该按兵不动的。可能当时齐军也没想那么多，单纯觉得鲁庄公耳朵不好，没听到齐军的呐喊声，于是多次冲锋。

就好比双方约架，人家都挑衅了，并且气势汹汹地走到你面前，按照剧情发展，你应该忍不住出拳和人家打起来。结果你还是不动，这就有点奇怪了。再看看后来的情况，齐军溃败逃跑，鲁庄公立刻就想追过去。为什么鲁庄公这么着急？因为按照当时的战争礼仪，如果对方逃跑，并且已经离自己50步开外，那就不能再追了，再追就是违反游戏规则。显然，曹刿可不在乎这个。

曹刿确认齐军真的被吓退，没有埋伏，这才让鲁庄公下令追击。这个时候齐军早就跑到50步之外了。那个时候齐军可能还想，这群鲁国人怎么还追啊，这不符合游戏规则吧？最后的结果是，鲁国军队追出了30多里。

打个不太恰当的比喻。双方来约架，说好了不带武器，说好了我认输你就别追。结果我空手而来，你手拿棒球棒，追着我打了几公里。你的确赢了，围观的人们看你不遵守游戏规则而取胜，于是纷纷效仿你，也不再遵守游戏规则。就这样，战争礼仪荡然无存，这也是礼崩乐坏的一种表现。

但不得不说，这场仗还是很精彩的。曹刿作为一个农民军事指挥家，成功地让史官把他的名字写入了史书。而历史，似乎也因为有像他这样的人引发的无数小故事，而变得更加丰富多彩。

白发"弼马温"退秦军

大家都知道,《西游记》里的孙悟空曾经在天庭里当过一个小官——弼马温,这个职位是负责养马的。要不是孙悟空有大闹天宫的真本事,没有人会注意到这类籍籍无名的小官。然而,小官的行列里也有厉害的人。今天我们不说神话,讲真实的史料,早在春秋战国时期,就有一位"弼马温"凭借自己的力量拯救了国家。这个人就是烛之武。

春秋战国时期,秦国是地处西部的国家,但它的野心非常大,一心想向东部扩张。然而,在秦国的东方有一个实力相当强大的晋国,挡住了秦国向东发展的步伐。对秦国来讲,和晋国直接开战显然是不合算的,因为不一定能打得过,所以只能先和晋国搞好关系,找到机会后再窃取土地。

为了和晋国交好,秦国可是下足了功夫,不断与晋国缔结婚姻,例如秦穆公就把自己的女儿嫁给了晋文公,从而诞生了流传至今的成语"秦晋之好"。有了这一层关系,晋国经常拉上秦国一起处理一些国家之间的事务。

晋文公刚继位，就向老丈人发出邀请，希望秦国和晋国一起出兵，参与周王室的天子争夺战。秦国和晋国的实力都很强，有了他们的帮助，周襄王成功打败了试图夺权的兄弟及其同党。周襄王为表示感谢，就答应把弟弟姬带曾经的封地都赏给晋国，对秦国却只字未提。

至于原因，当然是因为晋国是本家，也姓姬，一家人好说话，秦国是外姓，便无关紧要了。秦国的士兵最后得到了晋文公赏赐的钱财，但这并不是秦国想要的，因为秦国的最终目的是要扩张本国的土地。

当天晚上，秦国的几位大将就开始劝秦穆公，他们说您这女婿太不够意思了，咱们秦国为他冲锋陷阵，结果就给了点钱打发士兵。周天子也太偏心了，啥也没给咱们。一场仗打下来，咱几乎啥也没得到，您那女婿却啥都有了。咱们干脆直接发兵晋国，讨回我们应得的土地。

秦穆公到底是一国之君，在颁布任何一道命令前都必须再三斟酌。为了秦国的未来，秦穆公很明智地选择了隐忍。

公元前630年，晋国再次发出邀请，希望秦国一起出兵郑国。

当年晋文公在外流亡时，卫国、曹国、郑国等几个诸侯国对他不屑一顾，多番羞辱。他们万万没想到晋文公能当上国君，其中卫国和曹国在城濮之战中已经遭到了晋文公的报复。

现在，轮到郑国了。

卷一 先秦时期 平凡人构筑的社会基石

从地理位置上看，郑国被楚国和晋国夹在中间，两个强国只要心情不好，就会拿郑国开刀。楚国和晋国在七八年间，分别攻打了郑国七八次。

当然，为了师出有名，晋国指责郑国不遵守约定，依附楚国。秦国考虑之后，认为只要答应晋国出兵，就有了进军中原的合理理由，得到土地的机会也就更大了。所以，秦国决定再冒险一次。

秦穆公再次亲征，发兵郑国。晋国和秦国的军队会合，势如破竹，直逼郑国都城。眼看郑国危在旦夕，国君在宫中急得如热锅上的蚂蚁。他把大臣们都叫到一起，希望大家想想办法，否则国家就要灭亡了。

这个时候，一个大夫提出了建议，说是有一个叫烛之武的人，聪颖过人，如果让他去跟秦国人谈判，说不定能出现转机。烛之武是一个小老头，大半辈子都在养马。这样一个弼马温，怎么能说退秦国的千军万马呢？但郑文公已别无选择，不管烛之武有没有这个能力，都要让他试试看。

烛之武被传来觐见郑文公，他先是发表了自己的不满："我年轻时候就没什么作为，现在都老得思维退化了，却突然把这么重要的任务交给我，我肯定难以胜任啊。"

郑文公便一个劲儿地道歉，还指责朝中的大臣们有眼无珠，没早点发现和重用人才。最后，郑文公说："如果郑国灭亡了，对你也没什么好处。"

烛之武一辈子郁郁不得志，早就已经沦为平民。郑国灭亡，说实话还真和烛之武没什么关系。本来他就是一个养马的，地位再怎么降低，也就这样了。但是郑文公就不一样了，如若国家亡了，他就成了亡国之君，有被杀的风险。

郑文公如此说，只不过是为了让烛之武觉得，今天他拯救的并不是郑文公一人，而是整个郑国的百姓，增强他的使命感。烛之武很聪明，看穿了郑文公的小心思。一辈子不给个一官半职，现在国家有难了你来找我，若换作旁人，肯定不干。但是烛之武并没有和郑文公一般见识，答应了这件事。

夜半时分，烛之武坐着吊篮从城墙上降落在地，来到了秦军的营地。他一路上大声号哭，连秦穆公都被他弄醒了。秦穆公出帐一看，只见一位步履蹒跚的老者，佝偻着身子一步步向自己走来，颤颤巍巍，仿佛下一步就要跌倒在地。

烛之武成功见到了秦穆公，也就收起了自己的演技，仔细打量着在座的所有人。

秦穆公很好奇，于是先问烛之武："我们这里是秦军营地，老先生来这里干什么？你这深更半夜的哭什么呢？"

烛之武开门见山："我哭的是秦国，而不是即将灭亡的郑国。"

秦穆公吓了一跳。如今千军万马把郑国都城围了个水泄不通，郑国的灭亡可能就在旦夕之间。你却说不为郑国哭泣，反倒为秦国而哭？

秦穆公马上问："你跟我说说理由，如果你说不出来，我立刻下令杀了你。"

烛之武擦了擦脸上的眼泪，带着哭腔说道："您说您作为晋国国君的老丈人，帮了晋国那么多次，秦国得到了什么呢？要兵没兵，要土地没土地。晋国东征西战，除掉了所有的对手，迟早要对秦国下手的。到那个时候，您的女婿可就不认您这个老丈人了。"

这段话直击秦穆公的内心。早在出兵之前，秦穆公就一直在思考这个问题。秦国帮了晋国多次，也多次进军中原，但是没有得到一寸土地。这和秦国的战略目标相悖。况且，就算郑国灭亡，晋国把一部分郑国土地分给秦国，对于秦国来说也不是什么好事。因为晋、郑两国接壤，但秦国和郑国相距甚远，秦国也没办法直接管理分到的土地。

总之一句话，秦国这么多年来的努力，包括今天围攻郑国在内，都是徒劳的。

烛之武给秦穆公提出一个解决办法。秦国不是想在日后进军东方吗，那就应该保留郑国，将来把郑国当作中转站，补给粮草辎重，方便秦军在东方作战，而不是灭亡郑国，给竞争对手扩大势力。

秦穆公再三斟酌，他觉得眼前这个小老头说得的确有些道理，于是改变了主意，将矛头直指晋军。如此一来，晋国军队就没办法在短时间内攻破郑国都城，只能作罢退兵。

但是晋国军队也不是白白退兵的，临走前还留下了一些条件。晋国要求把此时正在晋国做官的郑国公子兰立为郑国太子。这样一来，日后晋国就可以通过他来控制郑国。虽然有秦军的帮助，但为了尽快结束战争，郑国答应了晋国的条件。

这回秦军到底亏不亏呢？当然不亏。秦军帮助郑国守住了国土，保住了都城，相当于在东方有了第一个根据地。这对于秦国进军东方的战略来说，是一个实质性的进展。

小人物又一次改变了历史。烛之武凭借自己的谈判技巧，说服了秦穆公，让郑国免于灭国之灾。因为烛之武能分析出秦国想要什么，需要什么，并在恰当的时候给秦国谋划前景，说服效果当然立竿见影。

牛贩子也有报国心

历史上存在许多由于普通人不经意之间做出的改变，影响了历史走向的事件，只不过我们很容易忽略这些小人物，所以会误以为历史走向都是由大人物决定的。

如上一篇说过的，秦国为了进军中原，全力保住了郑国都城，将其作为东进的一个根据地。原本秦国视晋国为东进的最大障碍，为了绕过这个强敌，秦国可谓是费尽了心思。秦穆公不仅把女儿嫁给了晋文公，还让秦国跟着晋国出兵攻打了许多小国。但是效果却不尽如人意，秦国并没有得到多少土地。秦穆公有些等不及了，打算跳过晋国，直取郑国，打下东方的第一块根据地。

至于晋国，肯定要报复秦国的倒戈相向。两国之间迟早会有一场恶战。

而眼下，如果秦国不早日行动，扩充自己的实力，可能就会被晋国永远堵在西方边陲。公元前627年，秦国大军2万多人，战车300乘，浩浩荡荡开向了郑国。

在行军的路上，秦国大军经过周王室的国都。于是秦军在洛阳城外把战鼓敲得震天响，仿佛在向周王室耀武扬威，炫耀秦军的强大。其实，秦国和周天子的关系还是很不错的，想当年秦穆公和晋文公曾一起帮助周襄王登上王位。有这层关系在，秦国和东周王室怎么说也算是盟友。结果这一次，秦军以大摇大摆之姿经过洛阳城，这让城内的贵族们很是气愤。你来我家门口秀拳头，这能是什么意思？明摆着有取而代之的想法。或许21年后楚庄王问鼎中原之举，就是从这件事情中得到了灵感。

秦军的目的是偷袭，本该在一个月内到达郑国。如此一来，即便郑国人在边境发现了秦军，也来不及通风报信，组织防御。战争动员是需要金钱和时间的，显然，郑国没有短时间内动员大军的实力。

然而，秦军却在行军上花费了两个月的时间，这已经不属于偷袭了。结果就是，行军途中出了一个小插曲。

就在秦军浩浩荡荡开往郑国的时候，一个叫蹇他的人看到了秦军的队伍。后来蹇他遇到了老朋友弦高。弦高是个郑国人，是个牛贩子。老朋友见面难免要喝点酒，酒过三巡，蹇他开始吹牛，说自己看到了秦国的军队开向郑国，就快到郑国都城了。弦高一听到这话，立刻酒就醒了。国家即将面临灭顶之灾，自己怎么还能继续安心喝酒？于是他立刻吩咐人马回国报信，自己则牵了几十头牛，坐着牛车追赶秦军去了。

要说这个弦高也真是胆大。公元前626年正月，弦高追上了秦军,并假冒是郑国的使者,要见一见秦军主将。

秦军将领百里视(史称孟明视)、白乙丙接见了弦高。其实这个时候两位将军心里也没底,郑国既然知道秦军的动向,不仅不派兵迎战,还派人送来肥牛,这是什么意思?

主将百里视是秦国名相百里奚的儿子,脑子转得很快。他向弦高索要国书,如果弦高没有,就证明他是冒充的,也就证明秦军的动向还没有被郑国掌握。

弦高立刻就想出了对策。他说秦国大军都出来这么长时间了,声势浩大,不仅我们郑国,天下诸国都已经知道了,就算我拿着国书请求你们退兵,你们也会陷入进退两难的尴尬境地。所以我们送你们几十头肥牛犒劳军士,你们就赶紧回去吧,也算得了战利品,咱们就这么和解得了。

弦高作为一个普通商人,面对全副武装的军队,竟能面不改色地撒谎,也实在是个人物。

百里视居然信以为真,于是他收下了肥牛,送走了弦高。

事实摆在面前,弦高的出现,表明秦军的动向已被郑国掌握,那么此次的偷袭行动就已经失败了。百里视如果继续攻打郑国,那他就是个大傻子。但此时他干了另外一件傻事——攻打滑国。

滑国是晋国的附属国,实力非常弱。百里视趁着天黑,不费吹灰之力便攻破了滑国都城,将滑国的金银珠宝拉上了秦国的辎重马车,一共装了300车的珠宝,返回秦国。

附属国被灭,晋国肯定要讨回颜面。晋襄公立刻找人商讨,中军元帅先轸先表态:"我们先君去世,如今秦国趁着国丧,攻打我们的附属国,这种行为实在是太可恨了,秦晋之好已然不复存在。"

言下之意,晋国必须攻打秦国。

后来在崤函古道的战场上,晋军占据了绝对优势,把2万多秦军屠杀殆尽。原本是秦军制造了郑国的危机,就因为弦高,反而让秦军遭受了重创,使郑国得以保全。近400年后,秦国的白起带着军队在上党地区和赵国打了一仗,坑杀了40万投降的赵军。这个白起,就是白乙丙的后代。

如果追根溯源,赵国就是从晋国分离出来的。从某种意义上说,赵国人就是晋国人的后代。长平之战,算得上是白起给自己的祖先报了仇。

弦高和他的几十头肥牛看似不起眼,却对当时的局势产生了很大的影响。如果没有弦高,秦国军队可能就会直取郑国都城,改写历史的走向。

清明节是为了纪念谁

我们今天的节日，有很多是为了纪念一些历史人物而诞生的。比如清明节和寒食节，就是为了纪念一个小人物介子推。

介子推是何许人也？这就要先介绍一位历史人物——晋文公重耳。他在做公子的时候被继母骊姬陷害，而后他的父亲晋献公想要杀死他。晋献公死后，重耳的弟弟当上了国君，也想除掉他。全家人都追杀自己，晋国根本没法待了。于是重耳带着几个随从，开始了长达19年的流亡生活。介子推就是重耳的随行人员之一。

既是逃亡，那么生活肯定好不到哪儿去。一行人先来到曹国，曹国国君倒是很客气，为他们准备了一些食物。但是这国君很是八卦，听说重耳长得奇特，是骈肋，他的好奇心就上来了，非要把重耳扒光了看看到底是不是真的。

我们都知道，人的肋骨是一条一条排布的，哪儿有平整的？可是曹国国君兴趣恶俗，坚持要看。那个时候的人们都很保守，让贵族裸露身体示人，简直是一种羞辱。被偷看后，重耳羞怒，离曹国而去。

后来几个人又到了卫国，实在饿得不行了，就向路边一个老农讨要一口吃的。老农看这群人衣衫褴褛，浑身脏兮兮的，也不像什么好人，不仅不想给食物，还抓了一把土让重耳吃。重耳好歹是个贵族，却被平民羞辱，便起了杀心，但实在是没有力气，加上铁杆赵衰的劝阻，只好作罢。现在都快饿死了，他哪里还顾得上尊严？

无奈之时，介子推悄悄从自己大腿上割下一块肉，煮了肉汤，给重耳送过去。重耳已经饿昏了头，看到介子推端着肉汤过来，什么也没问拿过来就吃了。吃完才看到介子推的大腿已经被鲜血染红，这才知道原来自己吃的是人肉。这就是"割股奉君"的故事。

虽然重耳是个在逃人员，但他毕竟是贵族，他向介子推保证，只要他还能回去当国君，一定会报答介子推。

事实证明，重耳做到了。在秦穆公的帮助下，重耳成功回到晋国，当上了晋文公。而曾经陪着重耳一起流亡的人也都跟着发达了，这之中最出名的就是赵衰。说赵衰可能没几个人知道，但是如果说赵氏孤儿，那你肯定听说过。赵氏孤儿就是赵衰的曾孙子。

按理说介子推割了自己的肉给重耳吃，才保住了重耳一条命，他的功劳应该最大。当晋文公想要重重赏赐介子推的时候，他却告老还乡了。他说重耳能当国君是天命所归，自己不敢居功。

晋文公认为这样太对不起介子推了，于是马上派人去接他，但结果都是无功而返。晋文公来了脾气，索性亲自去找介子推，没想到介子推家的大门紧闭，原来他早就带着母亲上了绵山。于是晋文公就让御林军去找,可还是没能找到。

这个时候晋文公做出了一个让人很迷惑的决定:放火烧山。你不是不下来受赏吗,那我用火逼你下来。

这些事在今天看起来不免有些荒唐,一个不愿意接受赏赐,一个非要给赏赐,你不接受,我就烧山。最终的结果是,晋文公只在山上找到了两具尸体。看着眼前这两具被烧焦的尸体,他泪如雨下。

介子推不能白死,晋文公觉得自己必须做点什么。于是他将绵山改名为"介山",在山上建立祠堂,并把这一天定为寒食节,要求全国的人在寒食节这天都要禁烟火,只吃冷食,以此纪念介子推。

为了留下纪念,晋文公还带走了一段被烧焦的柳木,并用它做了一双木屐。每次看到这双木屐,他就想起介子推,并且感叹:"悲哉足下。"后来"足下"成了古人表达尊敬的称呼。

第二年,晋文公又带着所有大臣来到介山祭祀。当时介子推和老母亲是在一棵老柳树下死去的,如今这棵柳树已经抽出新芽。晋文公给这棵柳树赐名为"清明柳",把寒食节的第二天定为清明节。如今到了清明节时,我们会去亲人的坟前,向已故的亲人们诉说哀思,正如当年晋文公怀念介子推一般。同一份感情,延续了千年。

史官的职业素养

这一篇说六个小人物的故事,虽然这六人来自不同的诸侯国,但他们的职业是相同的——史官。

史官的地位其实不高,却肩负一项重要的任务,负责将帝王将相身上所发生的事情如实记录下来。如果没有史官这个群体,今天的我们可能就不会了解那么多丰富多彩的历史故事了。

首先来说一说晋国的事。

晋国的权臣赵盾指使自己的堂弟赵穿杀死了晋灵公。这里的赵盾,就是著名的赵氏孤儿的爷爷。赵盾之所以让自己的堂弟动手,就是因为不想让自己背上千古骂名。弑君,无论在哪个朝代都是非常严重的罪行。

因此,赵盾打算趁新国君继位时,精心操作一番,从而销毁这段记录。

按照当时的制度,先君是如何去世的,新国君是如何继位的,这些事都关乎国家的前途,所以必须一字不落地写在史册中。当时负责记录的史官名叫董狐。

董狐心里很明白，赵盾不想背负骂名，一定会让自己篡改历史。此时赵盾是晋国的实际掌权者，如果自己不听他的话，只有死路一条。然而，董狐是一个非常正直的人，并不惧怕赵盾的权势，他把写好的史册递给赵盾。赵盾一看就傻了眼，上面赫然写着："秋七月乙丑，赵盾于桃园，弑其君。"时间、地点、人物、行为，写得清清楚楚、明明白白。赵盾犯下了弑君之罪。

赵盾对这件事情可不敢马虎，于是他先客气地问董狐："您是不是写错了？先君被杀的时候，我并不在场。先君被杀之后我才回来，您怎么能说我弑君呢？"

董狐据实说："赵盾你身为宰辅，没能力治理朝政，导致朝中矛盾升级，而后乱成了一锅粥，这肯定是你的能力问题。再者说，当时你在外面故意不回来，就是等着事态恶化。现在你回来了又装老好人，对杀先君的赵穿视而不见，只想蒙混过关，那你肯定有问题。说明你就是幕后黑手。"

董狐这些话，论点论据清晰，赵盾哑口无言。赵盾不再争辩，只能试图用软话打动董狐："您看我也没直接参与这件事，您就放我一马，在史书中稍微改改吧。"

董狐不为所动，坚持自己的做法。赵盾虽然恼怒，却不敢乱杀史官，只能长叹一声，认下了这件事。

董狐心里怕吗？他肯定害怕。赵盾连国君都杀了，也不会在乎多杀一个史官。但他身为史官，就应该如实记录，后来的成语"董狐直笔"正是出自这个典故。

类似的故事也在齐国发生过。这次的事件中有五个史官,其中四个没有名字,我们只能按照伯、仲、叔、季来称呼,也就是老大、老二、老三、老四。

齐国的国君齐后庄公,风流好色,整天寻花问柳,无法无天。不可理喻的是,齐后庄公经常到大臣崔杼的家中,和崔杼的老婆偷情。而且是大摇大摆地去,生怕别人不知道似的。有一次,齐后庄公看上了崔杼放在家里的一顶帽子,就在偷情后顺手把它拿走了,后来竟还把它当作礼物送给了别人。

崔杼可是朝中的权臣,地位高贵,受人尊敬,如今受到这般羞辱,心里怎能不盘算着如何报复?于是崔杼提前设好了埋伏,等齐后庄公再次来到他家中,齐后庄公刚进门,埋伏好的士兵们就把他按住杀死,让他变成了风流鬼。

还是老规矩,老国君怎么死的,新国君怎么继位的,都要一五一十地写在史册中,每一个细节都不能落下。崔杼和赵盾一样,也不想背负骂名,便赶紧找到史官太史伯,商量能不能修改史册上的记录。

崔杼认为自己是占理的,所以先开口说:"齐后庄公是个昏君,如今被我杀死,他是死有余辜。你就这么写,就说他是得了病死的,这样一来咱们两个都能相安无事。"

言外之意很清楚,按照我说的做,否则,你也没好果子吃。结果,太史伯不慌不忙地写下了几个字。崔杼拿过来一看,差点气得吐血。上面写着:"夏五月乙亥,崔杼弑其君光。"

崔杼一气之下杀了太史伯。

当时的史官是一个可继承的职位,所以太史伯死后,太史伯的二弟太史仲就成了史官。崔杼还是那些话,你哥不听我的,结果脑袋搬家。你就直接写国君是暴毙而死,这样咱们都好过。不是一家人不进一家门,这一家子都有傲骨,只见太史仲写道:"夏五月乙亥,崔杼弑其君光。"

崔杼话不多说,手起刀落,人头落地。

三弟太史叔成了史官,崔杼又来了。他直接告诉三弟太史叔,"你都看到你哥哥们的下场了,看着办吧。"

三弟太史叔傲然依旧,说:"我一个史官,如实记录是职业操守,我就这么写,你也看着办。"

太史叔也为此丧命,四弟太史季接替史官职位,他见到崔杼,索性脖子一伸:"直接砍吧,我是不会修改记录的。"

崔杼心想这得杀到什么时候啊?算了,你走吧。

另外一个史官南史氏,听说多位史官都被杀了,赶紧跑来看看老四有没有事。随后南史氏亲眼看到老四将事实写在史册上,这才放心地走了。

于是史书上便保留了这段记载:"灵王二十四年,齐崔杼弑其君庄公。"

在此，我们不得不佩服太史伯一家人。这四兄弟为了真实地记录事实，付出了血的代价。

当时史官的风骨，是我们今天的普通人很难理解的。可正是因为有了这样一群史官，才让我们今天看到的史书在相当程度上客观可信。虽然难免存在一些主观涂改之处，但从整体上看，史官们依然发挥了非常大的作用。换句话说，如果没有这些小人物的誓死捍卫，那我们今天所看到的历史记录可能就不是真实的历史，而是被前人篡改后写出来的历史小说。

端鱼的刺客

春秋战国时期，有一种职业叫作刺客，其中最著名的有四位：荆轲、聂政、要离和专诸。在这四位之中，荆轲的名气最大，因为荆轲刺杀的是秦始皇，他因刺杀对象的名声大而沾了光。另外三位，虽然也都刺杀了王公贵族，对当时的格局产生了深远的影响，但知道他们的人并不多。今天，我们就来讲讲专诸的故事。

吴越争霸，勾践卧薪尝胆的故事广为人知，然而在那之前，吴国曾出现过内部争权的斗争。当时在位的是吴王僚，是吴王夫差父亲的堂兄弟，在他继位后的第十二年，楚国的楚平王去世了，但死前没有安排好继承人，导致楚国政坛乱了套。吴王僚觉得机不可失，就想趁机攻打楚国。

为了赢得胜利，吴王僚拿出了所有财力、军力，一路杀到楚国。楚国接连丢失了两座城池，这才有所反应，开始积极防御。

别看楚国现在乱成一锅粥，但作为一个大国，其实力不可小觑。楚国军队在第一时间截断了吴军回国的路，让吴军孤悬国外，无法撤退，只能在前线慢慢消耗。

吴王僚为了打这场仗,派出了所有军队,国内武装力量一片空白,自己简直成了一个裸奔的光杆司令。他的政敌要是在这个时候对付他,成功的可能性是很大的。

伍子胥和公子光就是他的政敌。伍子胥原是楚国人,从楚国一路逃到吴国,被公子光收留,公子光也就是后来的吴王阖闾。他二人见局势对自己有利,打算抓住这个千载难逢的政变机会。

于是,暗杀计划就这样产生了。

我们的主人公,专诸就此登场。能在历史上留下名字的刺客,他们的下场基本上都不会太好。原因一想便知,都名扬全国了,不被追杀才怪呢。当然,既然选择刺客这门营生,就说明早已视死如归。即便刺杀成功,刺客本人也很难活着回来。对于刺客们来说,最首要的目标是完成刺杀任务,至于自己的生命,在接下任务的时候,就不属于自己了。

这么危险的职业,怎么会有人愿意做呢?按照今天的说法,没有长期的心理建设,专诸是不可能接受这个任务的。

可能伍子胥早就在未雨绸缪了,他对门客的培养可谓下足了功夫。当时伍子胥到处托关系打听,就为了找一位侠客,就这样他找到了专诸。为了测试专诸的能力和性格,伍子胥特别留意专诸的行为。

有一天,伍子胥在大街上看到专诸正和一群流氓打架。专诸人很瘦小,但力气很大,身手利落地放倒了几个小无赖,自己却毫发无损。

伍子胥心中赞许,这个专诸正是他要找的人才。但是接下来的一幕,却让伍子胥吃了一惊。刚刚还意气风发的专诸,被自己风风火火赶来的老婆骂了个狗血淋头。专诸就像个犯了错的小孩,乖乖地跟老婆回家了。

没想到,他在外人面前是个好汉,在家里却是个妻管严。这种人,到底能不能成大事呢?

伍子胥实在是想把专诸纳入门下,于是厚着脸皮去他家里,想把事情问个明白。

专诸一听伍子胥是为了这件事情而来,就笑了,说:"我要是真跟我老婆打架,她能打得过我?我对老婆是尊敬,能尊敬老婆的人,肯定能成大事。"

伍子胥认为他说得有理。当然,也可能是为自己的妻管严找理由。但是不管怎么样,这个人他相中了。

于是伍子胥和公子光带着金银财宝来到了专诸的家中,想将他纳入门下。两人把好话都说尽了,专诸才勉强答应。就这样,专诸成了公子光的门客。门客是什么?就是主人好吃好喝地供着你们家的所有人,但是到了需要的时候,你得给主人办点事。

公子光每天都好吃好喝地供着专诸一家,曾经他们穷得揭不开锅,现在却过上了贵族般的生活。专诸当然不是傻子,他知道这些都不是白给的,到了公子光要用到他的时候,他必须顶上去,哪怕是献出自己的生命。

过了一段时间，专诸主动找到公子光提出要报答他。公子光也就把刺杀吴王僚的计划告诉了专诸。

无论专诸答应与否，他都得付出生命的代价。

既然左右都是死，那就在死之前做点有价值的事，也算是报答公子光的恩情。毕竟在那个年代，能够吃饱穿暖已经很不容易了，更何况是保障全家人过上上等生活。

公子光见专诸答应了，就开始着手准备。他先送出一份拜帖，邀请吴王僚过来喝酒。吴王僚的母亲提醒他，说这顿饭恐怕凶多吉少，他们没安好心，你就别去了。

但在吴王僚看来，公子光这个堂兄弟是一个不敢干大事的人。就算他真的有什么心思，也不敢付诸行动，于是就放心地去赴约了。

吴王僚毕竟是一国之君，出了王宫到外面喝酒，安保工作必须做足。宴会大厅外排满了士兵。在宴会现场，每个厨师都要被搜身，然后被士兵用刀剑架着向前走。只要有一点风吹草动，这群全副武装的士兵会第一时间动手。

然而吴王僚不知道，危险不在外面，而在内部。

公子光先和吴王僚套近乎，聊天，一切都显得很正常。中途，公子光假装自己喝多了，以"足疾"为借口退了出去。到了外面，事先安排好的人立刻保护公子光进了挖好的地洞。然后公子光吩咐专诸，告诉他可以上场了。

专诸打扮成仆人的模样，手里端着烤好的鱼，一步步来到了吴王僚身边。吴王僚早就放松了警惕，对不起眼的专诸并无戒心。说时迟那时快，专诸端着鱼走到吴王僚的面前，忽然从鱼肚子中掏出一把匕首——也就是后来传说中的鱼肠剑，刺向了吴王僚。吴王僚还没反应过来，就遇刺身亡了。周围的卫士们赶紧手拿武器，一拥而上，把专诸给剁了。公子光与伍子胥则带领大批全副武装的卫队，火速除掉了吴王僚的卫士，控制住局面。随后，公子光召集群臣，宣布自己成为吴国的国君，也就是吴王阖闾。上位后的公子光没有辜负专诸的牺牲，立刻封专诸的儿子专毅为上卿，并且厚葬了早就被剁成肉泥的专诸。

专诸在公子光心中的地位是怎样的呢？这个很难说。在公子光心中，专诸可能只是一枚棋子，一件工具。但毫无疑问的是，专诸的这一剑，彻底改变了吴国的未来。

吴王阖闾重用伍子胥、孙武等人，让吴国在短时间内成了一个崛起的强国。

自荐的毛遂做了什么大事

战国七雄之一的赵国,在公元前222年被秦国所灭。然而在37年前,赵国就经历过一次灭国危机。之所以能够续命37年,完全归功于一个小小的门客——毛遂。

没错,就是毛遂自荐的那个毛遂。

当时的背景是这样的,秦国从始至终都梦想着东进,每一代国君都在积极备战,不断扩大秦国的疆域。经过几代国君的努力,秦国的综合实力已经超过了其他国家,只差一个挺进中原的机会。因此,秦国开始频繁袭扰其他国家。

这一次,秦国又准备蚕食赵国,发兵进攻。秦军经过多年的实战,早就成为一支王牌军队,一路势如破竹,所向披靡,杀到了赵国都城邯郸城下。

赵国虽然是战国七雄之一,但在此前的长平之战中损失了几十万士兵,国力大不如前,抵抗秦军实在是有心无力。无奈之下,赵孝成王请平原君赵胜向楚国求救,希望楚国能在这个关键时刻拉自己一把。

赵孝成王为什么把如此大任交给赵胜？首先，赵胜是赵国丞相，位高权重；其次，赵胜是赵孝成王的叔叔，两人是一家子。

赵胜作为一国丞相，手下足足有三千多门客。门客是做什么的？平时，主人好吃好喝地养着他们，等到了关键时刻，他们就要为主人卖命。

春秋战国时期的刺客，往往都是某个大人物的门客。要是这三千门客都能成为刺客，绝对是一股可怕的力量。但是赵胜不可能对每一个门客都精心挑选，人一多，自然有些鸡鸣狗盗、三教九流之徒混杂其中。遗憾的是，赵胜家的门客里混吃混喝的庸人比例很大，精英门客比例很小。

所谓精英门客，就是有一技之长，该耍嘴皮子时你不能输，该与人动手的时候你也不能闲着，必要时刻你还得替主人挡一刀。

三千门客就是一个巨大的人才库。赵胜一个一个考察，一个一个找，好不容易才找出19个精英门客，连20个人都凑不齐。赵胜不禁感叹道："可惜我养了这么多门客，天天花大价钱供着他们，现在到了紧要关头，连20个人都选不出来，真是白养了这帮人啊。"

这时，坐在末位的一个门客，站起来说："您看我充个数怎么样？"

刚说完这句话，那群互相推诿的门客一个个都伸长了脖子，想看看是谁胆子这么大。大家一看见说话的人，就发出一阵唏嘘。

赵胜很感兴趣，想见识见识这位站出来的勇士。来人自报家门，说自己叫毛遂，在这儿当门客已经三年了。

赵胜仔细打量，不对啊，这人非常面生。他不禁问道："你在我这儿住了三年，我怎么没见过你？"

毛遂答道："我就像个锥子一样，你今天才发现我，非我所愿，要是你早点把我揣兜里，我早就崭露头角了。"

赵胜一听，小伙子嘴皮子耍得挺好，他也没生气，就把毛遂选为队伍中的第二十人。

很快，赵胜带着这二十人到达楚国的新国都。为什么是新国都？这是因为秦国强大后，到处征战，把楚国打得屡次迁都。楚国也没办法，只能不断退让。

楚国被秦国欺负怕了，不论赵胜等人怎么劝说，楚考烈王就是不同意一起联合对抗秦国，还抬出了一堆理由。总之就是一句话：秦国的实力是老大，我是惹不起的，只想躲清静。

楚考烈王不是不想复仇，而是实在没有联合抗秦的胆量。犹豫间，楚考烈王来回踱步，不知该如何决断，一副很为难的样子。此刻，就需要一个人站出来推他一把，让楚考烈王下定决心。

于是，毛遂再次站了出来，他拿着宝剑冲上台阶，嘴里还大声嚷嚷："同意就联合，不同意就算了，从早上谈到中午还不肯做决定，真以为是聊家常呢？"

楚考烈王吃了一惊，忙问这人是谁。

赵胜解释道："这是我的门客，毛遂。"

一听只是个门客，楚考烈王生气了。他吼道："我还以为是哪个了不起的大人物，原来只是个小小的门客。我们商量的是国家大事，你懂什么？"

毛遂倒是很勇敢，他不顾楚考烈王的怒火，径直往前走了好几步，说："秦国现在已经无法无天，抵抗秦国不只是楚国的国家大事，而是天下共同的大事，人人有责。我这叫多管闲事吗？"

楚考烈王看他手里还拿着宝剑，生怕他来刺杀自己，于是语气就缓和下来，问毛遂有什么想法。

毛遂的个人演讲会开始了。"想想以前的楚国，多么威风，五千多里的疆土，一百多万的军队，绝对是个超级大国。从楚庄王时期到现在，楚国一直都在强国之列。结果现在呢？远在西方的秦国刚发展起来几年，楚国就被人家打得落花流水，楚怀王还亡于秦国，这不是你们楚国的耻辱吗？你们曾经的国都又在哪里？被秦国逼到了这步田地，你们咽得下这口气吗？你以为我家主人平原君今天来找你，单单是为了赵国的命运吗？现在不联合抗秦，等赵国被灭后，秦国想要灭你们楚国就更容易了，那时候还会有谁来救楚国呢？"

毛遂这一番话，让楚考烈王羞愧难当。因为他说的都是事实，秦国仅仅用了几十年时间就发展成了超级大国，把楚国逼得没有退路。毛遂的演讲有论点，有论据，每一句都让楚考烈王无法反驳，就像一把锥子，深深扎进了楚考烈王的心中。

见楚考烈王有些动摇，毛遂又补上一句："大王，您有决定了吗？"

楚考烈王满脸通红，他作为一国之君，却只想苟且偷安，置楚国的未来于不顾，实在是无地自容。他怒吼道："决定了！"

毛遂见自己的话起了作用，立刻让人拿来鸡血、狗血、马血，准备歃血为盟。这是当时结盟的必要仪式，天子、诸侯结盟时，喝的是牛血、马血；王爷、大夫们结盟，喝的是狗血、猪血；老百姓和底层的小官吏们结盟，只能喝鸡血。

毛遂见机行事，把盛着动物血液的铜盘端到楚考烈王身边，让楚考烈王当合纵抗秦的纵约长，请他先歃血。

坐在下面的一群门客早已目瞪口呆，他们没想到这位名不见经传的小人物，竟然有如此的爆发力、感染力。

在回赵国的路上，赵胜对毛遂大加赞赏，一直说自己有眼无珠，没早点发现这样的人才。此后，毛遂成了赵胜的座上宾。

毛遂深知楚考烈王并非真的不想联合对抗秦国，因为秦国早已成为楚国最大的敌人，只是他满脑子想的都是如何保全自己，让楚国续命，以至于极端保守。殊不知，在当时的情况下，弱小的国家只有联合在一起才能够对抗秦国，不然只能被秦国一个一个消灭。因此，毛遂充分表达了赵胜此次来的目的是为了楚国，而不仅仅是为了赵国的国运，让楚考烈王如梦初醒：一味地妥协是不行的，只有采取行动才能让楚国继续存活。

至于毛遂本人，他之所以有勇气、有胆量推荐自己，也是受到了当时"士为知己者死"道德情怀的影响。毛遂自荐这个成语，一直沿用到今日。

赵、楚两国联合抵抗秦国的成果如何呢？在那之后，魏国也加入其中，一起联合抗击秦国。秦军虽然强大，但终是敌不过三国联军，只能退回关中。正是因为这次联合，赵国多存活了37年。可以说，小门客毛遂，将赵国的生命延续了37年。

伴读的报复

公元前245年，赵孝成王去世。这位国君，虽然在位时没办过什么大事，但也算一位合格的统治者，比如在长平之战后，他采取措施将国家的损失降到最低，稳住了局面。除此之外，他还重用廉颇等大将，增强了赵国的实力。

赵孝成王去世后，赵悼襄王继位。继位后的赵悼襄王着手开发一些新策略，比如和老邻居魏国交好。毕竟两国国土相邻，天天打架也没意思，不如联合一致，枪口对外。

结果魏国压根就没把赵悼襄王当回事，拒绝讲和。在那个年代，如果没办法和平相处，就只有兵戎相见了。诸侯国之间的战争，是带来财富、威严、人口，以及话语权的最好方式。当然，前提是打赢。

过去很长一段时间，在赵魏两国的战争中，赵国都占据上风。因为有大将廉颇坐镇，赵国每次都能取胜，把魏国打得人仰马翻。可以说，如果廉颇一直这么打下去，魏国迟早是要灭亡的。

可这一次很不幸，一个地位不高、权力不大，但影响不小的人物出场了,他的名字叫作郭开。

郭开是赵悼襄王小时候的伴读,用今天的话来说就是发小,他们从小一起长大。凭借这层关系,郭开成了赵悼襄王的座上宾,好吃好喝地供着。郭开可不是什么老实人,在赵悼襄王还是太子赵偃的时候,他虽陪着读书,但从来没把心思放在带太子学习上,反而是调皮捣蛋,教了太子赵偃不少歪门邪道。然而那些奇技淫巧却深得太子赵偃的喜欢,毕竟每个孩子都贪玩,对新事物感兴趣。两人长大后还是亲密无间,郭开也靠着这份童年情谊在朝堂上有了一定的话语权,开始对大臣们指手画脚。

对于郭开这种人,廉颇肯定是不屑一顾的。作为赵国的常胜将军,廉颇绝不会忍气吞声。赵孝成王还在位的时候,一次宴会上,廉颇看着正在胡言乱语的郭开,忍不住当众斥骂。他说郭开这个人不学无术,就知道天天拍马屁,把国家搞得一团糟。总之,廉颇骂得很难听,连太子赵偃都听不下去了。在这种场合,郭开没办法开口反击,因为无论身份地位还是军功政绩,他都远远比不上廉颇,只能忍气吞声。

但郭开显然不是个大度的人,他把这次的仇默默记在了心里。

廉颇也知道自己惹了小人,随着赵孝成王和蔺相如的相继去世,廉颇逐渐产生了沉重的危机感。有人劝他,就这么一件小事,你至于担心这么多年吗?

殊不知,在小人的眼里,再小的事也是大事。你侮辱了我,我就要让你身败名裂,就算是国家灭亡了我也不在乎。所以说,千万不要得罪小人。君子报仇十年不晚,小人报仇,那是从早到晚。

当廉颇带领赵国军队一路打到魏国境内时,郭开便开始向赵悼襄王打小报告了。

郭开说:"现在外面传得很邪乎,都说廉颇居功自傲,肯定要造反。现在他还带着兵呢,万一他真的战胜魏国军队,那个时候您就无法控制他了。不如现在就罢免他的兵权,这样咱们就安全了。"

赵悼襄王对廉颇的态度是怎样的呢?要知道,赵悼襄王对廉颇一向没有什么好感,或许他从小就对这个总是谆谆教诲自己的老将感到厌烦,又或许廉颇那次公开羞辱发小郭开让他丢了面子,反正这么多年来,不管廉颇做什么,都让赵悼襄王反感。

一个小人和一个昏君,一拍即合,马上罢免了廉颇的兵权。为了万无一失,赵悼襄王还让乐乘即刻率领三千人马赶到前线,收回廉颇的兵符,让乐乘代替廉颇指挥作战。

廉颇当然很生气,自己好歹也替赵国打了几十年的仗了,新国君刚继位,就收回他的兵权,这不是卸磨杀驴吗?还有一件事令廉颇生气,那就是来接替他的乐乘。乐乘原是燕国的将领,后来燕国被赵国打败,他由此投降到赵国,成了赵国的将军。

自己的一个手下败将,反倒代替自己成了军队统帅,这让廉颇如何肯服气?等到乐乘到了前线以后,廉颇看到他,实在是越想越气，忍不住暴揍了他一顿。乐乘来的时候只带了3000人，哪里是廉颇的对手？只能逃跑。廉颇一看乐乘跑了，才反应过来事情的严重性。即便自己没有谋反之心，肯定也会被朝廷怀疑，于是他也不管赵国的大军了，独自跑去了魏国。

没错，就是他正在进攻的魏国。

魏王也不是傻子，一个交战多年的敌国将军，现在来投靠自己，肯定不是诚心的。所以魏王一直没有重用廉颇。

而没了廉颇的赵国，军事实力开始走下坡路。

公元前244年，秦国又一次进犯赵国。赵国已经不堪一击，眼看着秦国军队兵临城下，而赵国上下却找不出一个能够带兵打仗的将领。赵悼襄王这才开始着急，想起了在魏国养老的廉颇。

此时的廉颇已经七八十岁了。如果按照我们今天的标准，他早就到了退休的年纪，说不定都走不动路了，哪里还有能力带兵打仗？

但是赵悼襄王实在没有别的办法了，只能抱着试试看的想法，派人去见一见廉颇。

廉颇虽然已经在魏国过上了喝茶、看书的退休生活，但毕竟为赵国服务了几十年，肯定是放不下老东家的，他也一直在关注着赵国的情况。

所以赵国使者刚到，廉颇就明白了来意，便在使者面前要了一套大刀，还让人煮了一大锅饭、十来斤肉，风卷残云之后，只剩下干净的大锅。老廉颇的意思很明确，国君派使者来考察我，那我也别藏着掖着了，你看看我这状态，既能吃又能打，只要国君一声令下，我立刻上战场为国效力。

使者走后，廉颇立刻让人准备盔甲、马匹，时刻等待着赵国的通知。

结果，三天过去了，五天过去了，一个月过去了，赵国没有任何动静。廉颇的入职通知书迟迟没有来。

问题到底出在哪儿了呢？

原来，使者回到赵国，先向赵悼襄王夸了一番老廉颇的饭量，接着又说出这样一番话："廉老将军吃完饭后，跟我坐了一会儿，其间去茅房如厕了三次。"

正是这句话让赵悼襄王打消了重新起用廉颇的念头。他心想：只一会儿就跑了三趟茅房，打仗的时候，总不能随身带着马桶吧？廉颇已经老了，还是算了吧。廉颇一心想着继续为国效力，到头来却只留下一个很不光彩的传言——"一饭三遗矢"。

不出所料，这个使者肯定和郭开有联系。早在使者离开赵国前，郭开就用几百两金子贿赂了他。郭开吩咐，不管廉颇实际状态怎么样，你回来就这么说。

国家安危和黄金，使者选择了后者。小人的朋友，自然也是小人。

廉颇始终没有等到赵国的入职通知书，报国之心也凉透了，最终死在了楚国寿春,也就是今天的安徽省寿县一带。

郭开算计了廉颇,还觉得不够,在秦国将军王翦的重金贿赂下,他又害死了赵国最后一根顶梁柱李牧。公元前228年,王翦率领秦军攻进了赵国都城邯郸,赵国大夫们北逃至"代",拥立公子嘉为代王,直到公元前222年再次被秦军攻灭,赵国正式灭亡。

位列战国七雄之一的赵国,之所以走到这一天,和郭开这个小心眼的伴读有着极大的关系。

鸡鸣狗盗之徒

鸡鸣狗盗这个成语一直是用来形容小偷小摸这类人的，但这个成语最初并不是贬义的，反而是对这类人的褒奖。

齐国的孟尝君是战国四公子之一，名声在外。他曾跳槽到秦国当丞相，但作为外来客，没有本地根基，就算官至丞相，仕途发展也始终不平稳，第二年就遭到了别人的陷害。

本地的官员向秦昭王打小报告，说孟尝君是个齐国人，肯定会站在齐国的角度考虑事情，不会尽心尽力为咱们秦国效力。如果秦国和齐国交战，他一定会为了齐国而暗算我们，这对占据丞相之位的孟尝君来说根本轻而易举。

秦昭王一听，好像是这么个理儿，于是立刻罢免了孟尝君。但他还不够放心，因为孟尝君已经官至丞相，知道了很多秦国的国家秘密，秦昭王索性将孟尝君扔进了监狱，打算随便找个理由，把他杀了，一劳永逸。

人在大牢，就算有天大的本事也没处用，孟尝君只能另辟蹊径，托关系找人求情。他派人求见秦昭王的幸姬，请她帮忙说好话。"幸姬"不是某个妃子的名字,而是指受到秦昭王宠幸的姬妾。幸姬倒也是个痛快人,收人钱财替人消灾。但是她收下两对玉璧之外,还提了一个要求:她想要孟尝君去年带到秦国的那件白狐裘。女人的衣橱里永远缺一件衣服,漂亮衣服总归是抗拒不了的。

孟尝君当然不是个小气的人,但问题是这件衣服去年就已经送给秦昭王了,自己手里没有第二件。这时候,孟尝君的一位门客主动请缨,说:"这事儿我来给你办。我会学狗叫,可以假扮成狗把衣服偷出来。"

当天晚上,这个门客就披着狗皮,从狗洞钻进了秦国的珍宝仓库,把白狐裘偷了出来。他学狗叫学得惟妙惟肖,还披着狗皮,所以没有一个守卫察觉到异常。

这就是孟尝君广纳门客的好处,贤人能士有他们的智慧,市井之徒也有自己的门路。

幸姬看到孟尝君真的把白狐裘送来了,大喜过望,也就遵守承诺,向秦昭王求情。

幸姬说:"孟尝君是个名人,要能力有能力,要长相有长相,而且还有威望。虽然他是齐国人,但他毕竟当过秦国的丞相,现在您把他扔到监狱里去,让全天下知道这样的人都被咱们给法办了,那以后其他国家的高级人才,谁还敢来咱们秦国效力?"

美人当前,秦昭王脑子一热,便答应释放孟尝君。孟尝君随后带着门客飞奔出秦国,为了方便出逃,他还更改了通行证件,杜撰了姓名。之所以疯跑了几天几夜，就是怕秦昭王反悔。

他们一行人来到函谷关前，只要出了函谷关，就能离开秦国，到达中原的安全地带。

此时正是后半夜的三点到五点之间，人们把这个时间段称作寅时。寅指的是老虎，这个时候正是老虎出没的时间。再加上眼前的函谷关犹如铜墙铁壁，挡在孟尝君一行人前面，他们感到了前所未有的压力。

按照秦国当时的规定，天亮了，鸡打鸣了，才能够开关放人。孟尝君瘦小的躯干，裹在一件不合体的衣服里，在关下踱步，活生生一个乞丐模样。旁边一个门客给孟尝君出了个主意：他们不是得等到鸡打鸣才肯开关吗？那我就学鸡叫，这样他们就会开门了。

于是，此人就在众人面前掐着嗓子开始打鸣。他模仿得太像了，附近的鸡听到后竟然开始争相回应。一时间，鸡鸣声四起，此起彼伏，函谷关的守关士卒没有仔细分辨，就打着哈欠骂骂咧咧地打开了关门。

士卒们检查了孟尝君的封传后，就让这群人通过了。附近的鸡鸣声也逐渐归于平静。孟尝君的担心果然没错，说话不算话可是秦国国君的祖传本领。秦昭王的确后悔放走了孟尝君，他派遣使者火速前往函谷关拦截。但是等使者来到函谷关时，孟尝君早就过关，到了安全地带。

鸡鸣狗盗这个成语就是这么来的。很难想象，一个著名的贵族竟然有这种不起眼的门客。其实这是孟尝君有意为之，他知道，有些事情是自己这种有脸面的人不好意思做的，所以养了这些会鸡鸣狗盗、不入流技能的小人物，希望他们能在关键时候发挥大作用。这是一种既能达到目的，又能保全自己名声的两全之策。

孟尝君回到齐国后，他的堂兄弟齐闵王觉得自己当初不该同意孟尝君去秦国，一直埋怨自己。为了表示补偿，齐闵王索性把齐国的丞相之位交给了孟尝君。

齐闵王对秦国也有怨恨，因此为了出这口气，他联合魏国、韩国，一起进攻秦国。在这次战争中，齐国的名将匡章出马，他带领三国联军把函谷关围了个水泄不通，终于在公元前296年攻破函谷关。没有了函谷关，咸阳就失去了屏障，秦国差一点儿就灭亡了。

曾经给孟尝君留下深刻印象的函谷关，在整个战国后期，只被攻破过这一次。不过，联军毕竟没有真的打到咸阳。如果当时再加一把劲儿，一口气攻破咸阳，灭了秦国，可能就不会有75年后秦国统一天下的事了，中国的大一统事业也要向后推迟。

但是话说回来，如果没有那两个鸡鸣狗盗之徒，孟尝君也许会死在秦国，这场大战或许也就不存在了。

基层官吏留下的大秦律

"喜"是秦朝的一个基层官吏,别看他官职不大,但他对今人研究秦朝法律体系的贡献却是不可忽视的。他出生在今天的湖北省孝感市云梦县,著名的云梦睡虎地秦简就是从他的墓穴里出土的。

睡虎地是个地名,早在春秋时期,楚国的令尹斗子文就出生于此。斗子文是个私生子,刚出生就被抛弃在野外。令人吃惊的是,一只母老虎喂养了斗子文,让他活了下来。又因为楚人称"乳"为"穀","老虎"为"於菟",于是斗子文也被叫作"斗穀於菟",《左传·宣公四年》对此事做了记载。这一带曾经名为於菟乡,还有个虎乳崖,都是为了纪念此事此人,睡虎地之名同样由此得来。

丧葬文化是中华文化的重要组成部分,当时,人们相信死后陪葬的东西会和自己一起到地府,继续阳间的生活,所以出现了活人陪葬、陶俑陪葬等情况。而喜这个人,则把陪伴自己一辈子的法律资料带进了坟墓。这才使得我们有机会更直观、更全面地认识秦朝法律。

1975年，一位农民在挖水渠时发现泥土的颜色有点不对劲，立刻向当地的文化馆汇报。随后湖北省考古队赶到现场，随着考古活动的进行，人们发现了一些古代坟墓。其中第11号墓葬的棺椁被打开后，只见墓主人的身旁摆放着一卷卷的竹简，全都保存完好。

经过考古队员的清点，这批竹简一共1155枚，残片80枚，近4万字，由秦朝时期的人书写而成。

4万字资料的搜集，在今天可能几个小时就能完成，但按照2千多年前的条件，4万字的文献资料对一个人来说，无疑是巨大的工作量。甚至对于一个普通人家来说，写满4万字要使用的竹简也是负担不起的。可以说，喜为现在的人们留下了一份珍贵的宝贝。

喜的墓修建于秦朝，也就是秦国统一六国之后。但墓葬形制却保持了楚国的传统，用青膏泥进行密封，有效隔绝了空气，避免竹简遭到氧化破坏。而且睡虎地处于地势较低处，水位很高，整个墓葬都在水中，也有助于隔绝空气。

墓主人，也就是喜的头下面，摆放着53枚竹简，记载了从秦昭襄王元年（前306）到秦始皇三十年（前217）的大事，上面清楚地写着，喜出生于秦昭襄王四十五年（前262）。

喜的一生并不是一帆风顺的。他去过不少地方，还参加过几次战斗。一开始，喜仅仅是个服徭役的工人，后来才当上了安陆御史、安陆令史等，都是和法律有关的低级职位。职业原因，喜的竹简中记载的大多都是秦国律法，例如：贼入甲室，贼伤甲，甲号寇，其四邻、典、老皆出不存，不闻号寇。问当论不当？审不存，不当论；典、老虽不存，当论。大致意思是说，有个小偷进了小王的家里，还把小王打伤了。小王呼救，里典、伍老皆外出不在。问这些人该不该处罚。答案是，如果普通邻居不在家，可以不处罚。但如果本地的基层干部不在家，不管你干什么去了，都要处罚。

另外一个案例是，如果有人在马路上杀了人，但是百步之内的路人并没有施以援手，那么这百步之内的所有路人都要受到处罚，处罚就是上缴两副盔甲。在当时，盔甲需要纯手工制作，算上所有的材料、人工，价值可能接近今天的跑车。由此可见，见义勇为这种事情在秦朝，不是社会道德所要求做的事情，而是法律的硬性规定，如果做不到，法律还要追究。

再来一条关于孝顺父母的法条。原文：免老告人以为不孝，谒杀，当三环之不？不当环，亟执勿失。大致意思是，如果60岁以上的老人告发晚辈不孝顺，并要求将其处以死刑，是否需要庭外和解？当时的法律规定是：不应该和解。应立刻抓捕、判刑。

在秦朝，也有保护未成年人的法律。秦朝规定身高不足6尺的人，可以免除牢狱。6尺也就是1米4左右，通常身高在这个标准以下的都是孩子。所以说，虽然秦朝律法严厉，但对于未成年人还是有所宽免的。

不得不说，秦朝的律法，不仅仅在中国，就是从全世界角度来看，也是一部非常详细的法律，详细的程度令人惊讶。

而这一切，今天的世人都是通过喜在竹简上所写下的内容了解到的。像喜这样的人物在那个时代不会引起多少关注，估计秦始皇也不会知道自己的国家里有一位叫作喜的基层官吏，但喜对我们今天了解历史的贡献是巨大的。正是无数个像喜一样名不见经传的小人物为我们记录了这一切，最终累积成了繁荣璀璨的中华文化。

卷二　汉晋时期

平凡人创造的天下格局

西汉定都长安来自谁的想法

西汉时期的都城名为长安，寓意长治久安，位于今天的西安一带。其实在刘邦打败项羽后，他登基称帝的地点是定陶氾水的北面，位于今天山东省菏泽市的辖区内。那是公元前202年2月，完成登基仪式后，刘邦率领文武大臣定都洛阳。可是，他们在洛阳短暂落脚了一段时间后，又迁都长安，这是为什么呢？

要知道，在过去的任何一个朝代，首都搬迁都是关乎江山社稷的顶天大事，容不得半点儿马虎。国家级智囊团肯定要进行详细缜密的调研、考察、推演，确保无误后才能提出最后的建议，交由最高统治层定夺。可是西汉首都的搬迁完全没有这一套标准流程，仅仅因为一个叫娄敬的普通人提出了意见，就让汉高祖刘邦做出了迁都的决定，并最终落实想法。

娄敬只是史书随意提及的小人物，他形象不明、家世不明、生卒不明，只知道他曾经作为齐国的戍卒，经常被派往不同的边关戍守，属于国家的一块砖，哪里需要往哪里搬。刘邦打败项羽统一天下后，暂无战事，娄敬也得以解甲归田，回到了老家。

这时候，刘邦身边有一个名叫虞将军的人，因为英勇善战而被委以重任。当时，天下刚刚平定，局势不稳，于是刘邦就派虞将军到齐国地界再征一些兵到陇西戍守。虞将军凑齐了人，向人群中扫了一眼，有一个人特别眼熟，走近一看，天呐，这不正是自己的同乡娄敬吗？

虞将军赶紧把娄敬接回家，好酒好菜地款待他。娄敬也不客气，他知道现在的虞将军已经是开国功臣，能够在皇帝面前说上话。于是他向虞将军提了一个请求，说自己有治国理政的建议，希望能面见刘邦。

引荐娄敬对于虞将军来说并不是什么难事，可是，自己的这位同乡是个倔脾气，固执己见，还不听劝。虞将军觉得都要见皇帝了，总得换一身得体的衣服，最起码要表现出尊重吧。可是人家娄敬不这么认为，他认为皇帝会重视自己的想法，而不是自己的衣服。哪怕虞将军替他准备好了一套体面的行头，娄敬也不肯换上。

虞将军无可奈何，叹了口气，只能在心中祈求刘邦不会因为这件事而怪罪下来。

到了都城洛阳，娄敬见到了巍峨的宫殿，面容严肃的禁卫，不由心中忐忑。刘邦的为人他略有耳闻，那倔脾气跟自己有得一拼，加上这气势逼人的皇城，让本来一肚子傲气的娄敬心里打起了退堂鼓。

虞将军先到皇宫大殿里去请求觐见，没过多久，他就出来带娄敬去见皇帝。娄敬毕恭毕敬地进去，一进殿，就拜倒在刘邦面前。

刘邦直接切入正题，问："听说你有治国理政的重大建议，还这么着急得要来见我，想必心中有很多想法吧。"

娄敬赶紧答道："草民只有一个问题，那就是陛下为何将都城建在洛阳，是想和当年的周朝比兴盛吗？"

刘邦没听懂他的意思，于是示意他继续说下去。娄敬接着说道："大汉建立的过程和周朝建立的过程千差万别。想当年，周朝刚建立时，做尽了好事，积累了很多功德，这是天下人有目共睹的。正因如此，各路诸侯才能臣服，周文王在位的时候，连四面八方的戎狄蛮夷都来称臣纳贡了。后来，周公辅佐周成王在洛邑建都，此时全天下都臣服于周朝，那些有德行、有才能的人都得到了赏识，相反那些没有能力的庸才、恶人都被踢出了朝廷。可是，如此清明的周朝后来也无法控制天下，显然不是因为做尽了坏事，丢了德行，而是因为实力太弱。"

话说到这儿，刘邦还是一头雾水，索性直接开口："先生到底想要说什么？我们没有必要绕来绕去，直接说问题的核心，不然话题越绕越远，逐渐偏离主题，岂不是白费劲？"

娄敬见刘邦没了耐心，直接抛出了他的观点："咱们大汉和周朝不同，自从陛下您起兵开始，蜀汉、三秦，哪一处不是战火连天？陛下和项羽大战于荥阳、城皋、垓下各地，战争所到之处，民不聊生，生灵涂炭，全天下的老百姓都受够了这种生活。虽然现在天下统一，百废待兴，可要是短期内再起战火，老百姓就又会受到摧残了。"

虽然刘邦是个急性子，但娄敬提出的观点提起了他的兴致。娄敬继续说："当年秦国之所以能够统一六国，就是因为秦国占据着关中地区啊。关中四面八方都是崇山峻岭，还有无数河流，足以阻挡敌人的军队。如果陛下您把都城迁到关中，那么即使是中原地区有了重大变故，短时间内也不会威胁到关中，而且陛下您还可以利用关中地区肥沃的土地养活百万军队，等待时机，再次出击。总之，只要牢牢控制住关中地区，就不怕天下生乱，这才是彻底地掌握了天下的咽喉之地啊！"

到了这里，刘邦算是彻底明白了，娄敬说了半天，就是认为洛阳不是合适的都城，在劝他迁都关中呢。

不过，娄敬的一些观点显然得到了刘邦的认同，于是他向娄敬解释，迁都可不是小事，得召集大臣们一起商量商量。

没过多久，萧何、张良、夏侯婴等人相继到来。刘邦把娄敬的计划和众人大致说了一下，又问他们的意见。大部分人遇到这种情况，大概都会先支持领导的原有决策，毕竟现在的都城就在洛阳，就算关中有优势，如果直接肯定娄敬的看法，那不就等于侧面说明刘邦当初的决定是错的吗？

萧何答道："周朝在洛阳定都，延续了几百年，虽说关中地区很好，可建都咸阳的秦国，没过多久就亡国了。洛阳东有城皋，西有崤山、渑水，地理位置很好，简直就是个天然堡垒，所以我认为不必迁都，保持原样就行。"夏侯婴赶紧附和。

这两人几句话就让虞将军的心提到了嗓子眼儿，如果刘邦听了萧何和夏侯婴的话，娄敬可能就要小命不保了。最后，他只能把希望寄托在还没开口的张良身上。

其实，关中地区有多重要，在场的几位心中都有数。如果不是关中的粮草充足，刘邦可能也无法和项羽对峙那么久，也不可能取得最后的胜利。有了关中，刘邦就有了稳固的据点，只要关中没丢，无论何时都有能力东山再起。

张良终于开口道："洛阳虽好，但交通发达，很容易四面受敌，一旦发生意外，洛阳很可能在短期内失陷。而关中四面都是崇山峻岭，拥有天然屏障，中央的平原土地肥沃，能产出粮食供养军民。一旦天下有变，退可守、进可攻，是个宝地，再说陛下您不正是借着关中的优势，才最终战胜了项羽吗？"

虞将军这时才发声，表示自己也同意张良的说法。刘邦听了众人的意见，思来想去，越想越觉得迁都确实有利无害。如果当初自己不是在关中称王，恐怕现在坐在龙椅上的就是别人了，于是他大声道："好，那就这么定了，萧丞相你们赶紧准备一下，咱们择日迁都。"

为了表彰提出这个想法的娄敬，刘邦御赐娄敬以刘姓，要知道皇帝赐姓，而且是皇族姓氏，那可是很重的奖赏。谁能想到，西汉王朝选择都城位置这么大的事，竟然源自一个不起眼的戍卒的建议。

弱女子废止西汉肉刑

在中国古代，有诸多令现代人难以理解的酷刑，有些刑罚的名字光听一听，就让人腿软胆战，比如腰斩、凌迟（千刀万剐）、车裂（五马分尸）、炮烙、宫刑（割掉男性生殖器）等。这些令人毛骨悚然的酷刑在古代有一个统称——肉刑。

狭义上的肉刑，简单来说就是用暴力摧残人的身体，比如，黥（刺面并着墨）、劓（割鼻子）、刖（斩掉双脚）、宫（割势）等。如此令人发指的肉刑在古代实行了很长一段时间，几乎贯穿整个封建时代。不过在西汉时，有一位奇女子在挽救父亲生命的过程中，以勇敢善良、坚持真理、不畏强权的品质最终打动了汉文帝，汉文帝随后下令废止了这种酷刑。

淳于意是扁鹊的传人，医术非常高明。他跟随老师公孙光和公乘阳庆学医多年，学业有成，采用物理疗法和针灸术，为无数患者解除病痛。

有一回，淳于意受黄长卿的宴请，在宴席上认识了齐王后的弟弟宋健。虽然两人素昧平生，但淳于意察看宋健的气色后，悄悄把他拉到一边，问道："最近几天，你是不是感到腰部疼痛难忍呀？"

宋健一听，惊得目瞪口呆，这几天他正经受着腰痛的困扰，连小便都很困难，只不过一直羞于说出口，才没有找医生诊治。

如今听到淳于意点破，宋健深感佩服，赶紧说："先生的医术太高明了，最近几天，我确实有这样的毛病，不知道该如何治疗？"

淳于意胸有成竹，说："等一会儿宴席散了，我给你开一个药方，你按照药方抓药，保证半个月内病痛全消。"

宋健感动得热泪盈眶，说："要是能治好我的病，我一定亲自到你的府上表达感谢。先生真是神医呀，你还没给我号脉呢，居然就能诊出疾病，真是太让我佩服了。"

果然，仅仅过去了十多天，宋健的病痛就彻底消失了。

齐王听说了这件事情，也对淳于意的医术佩服得五体投地，专门邀请他到宫中来，为宫女们诊治。在为其中一位宫女号脉时，淳于意很快就诊断出她的脉象混乱，疾病已伤及脾胃。为免给病人造成心理负担，淳于意悄悄把宫中的管事叫到了一边，告诉他："刚才那位宫女已经病入膏肓，千万不能再让她过于劳累，否则后果不堪设想。"

即便管事听从了淳于意的劝告，那位宫女仍然没能熬多久，最终因为过度劳累吐血而死。但这件事让越来越多的人认识到，淳于意与他的祖师爷扁鹊一样，是一位神医。

淳于意的名气越来越大，前来求医问药的人也就越来越多。于是，分身乏术的淳于意就给自己定了规矩，对以下几类人拒绝治疗，一是作恶多端之人，二是达官贵人，三是病入膏肓者。这一做法，大概是参考了祖师爷扁鹊。扁鹊当年就提出了六不治理念，分别是傲慢无礼的不治，贪图钱财的不治，暴饮暴食的不治，脏腑功能紊乱的不治，药都吃不下的不治，信巫不信医的不治。

但给贫苦的百姓治病时，淳于意不仅分文不取，有时候还会资助一些医药费，因此他在民间的声望很高。

可是谁能想得到，德高望重的淳于意，忽然莫名其妙地摊上了人命官司。而这其中被害死的人，居然是齐王。

听到这个消息，人们都感到不可思议。齐王贵为诸侯，一国之君，一直待在深宫大院里，而淳于意只不过是一位乡野医生，他怎么可能会谋害齐王呢？

这个问题还要从淳于意和齐王之间产生过的冲突说起。

淳于意本来和齐王的关系非常不错，他曾经是齐王的座上宾。齐王病重时，王室自然就想请淳于意来给齐王治病。但淳于意立了规矩，达官显贵不治，即使王室花费重金，用最大的诚意请淳于意出诊，他都不为所动。就这样，因为淳于意坚持原则，齐王最终不治而亡。

齐国王室非常愤怒，认为淳于意见死不救，等同于杀人，于是把他抓了起来，准备押送到长安。

淳于意没有儿子，家中有5个女儿，在他被押解去长安之前，看到女儿们哭得非常伤心，他赶紧安慰她们说："你们放心吧，为父到了京城，只要说明事件经过，很快就会被无罪释放的。你们就放心待在家中，等待为父回来吧。"

虽然淳于意说得很轻松，但他的女儿们都知道，淳于意这次很可能有去无回，因为他摊上的是人命官司，对方还是贵族，按照大汉的律法，她们的父亲可能要受到严厉的处罚，也就是肉刑。

全家人都急得手足无措，只有淳于意的小女儿缇萦赶紧收拾好行装，孤身一人赶到了长安。缇萦要到都城里告御状，替父申冤。

缇萦当时是一个15岁的平民女子，想见皇帝，谈何容易。缇萦在长安逢人就问皇帝在哪里，这异常的举动引来了很多人的讥讽，在外人看来，这个小姑娘疯得不轻，皇帝哪是那么轻易就能见到的？然而，有一位小官吏看到她每天焦急无助地到处乱跑，便拦住她询问缘由，最终被她的勇敢所打动。他对缇萦说："最近皇帝可能会外出打猎，至于能不能碰到，那就要看你的运气了。"

众所周知，皇帝出行必然是旌旗蔽空、侍卫如云、警卫重重，即使能看到皇帝的车队，但要想成功地犯颜拦驾可不是容易事。有好心人提醒缇萦，你阻拦车驾，一定会惊扰皇帝，这可是大不敬的举动，弄不好就会脑袋搬家。一般来说，时机掌握不当，可能被警卫认为是刺客，就会立即斩杀，至于什么上书救父，那更是想都不要想了。

而缇萦心里想的是，自己来京城，已经置生死于不顾了。眼下，如果连试一试的勇气都没有，那还谈什么舍身救父呢？

或许是缇萦的勇敢与诚意感动了上天，在一个萧瑟的清晨，汉文帝果真出发行猎，浩浩荡荡的车骑掀起的尘土到处飞扬，遮云蔽日。车骑的前方，一座空寂无人的灞桥上，一个面相清秀、衣衫褴褛的女子跪在桥中心，双手举着早已写好的书信，静等皇帝的到来。

汉文帝听人报告说，拦车驾的竟然是一个小女孩，内心顿时起了怜惜之情，于是就问她："你从哪里来？为什么要见我？"

听到皇帝的问话，缇萦并没有一丝慌乱，她条理清晰地答道："我是齐国人，我的父亲名叫淳于意，是一位医生。因为我的父亲不愿意巴结权贵，受到他们的忌恨，他们甚至诬陷我的父亲没有好好给齐王诊病，最终导致齐王病故。按照大汉的律法，陷害他人导致他人死亡的要被处以肉刑，如果我的父亲真的受了刑，将来他就没有办法替人诊病，还希望您放过我的父亲吧。"

汉文帝立刻安排身边的人去调查，过了几天，汉文帝了解了事情的来龙去脉，派人回复缇萦："虽然你的父亲不是导致齐王病故的直接凶手，但是他作为一名医生，应该明白救死扶伤的道理。只不过你父亲虽然有错，判处肉刑的确量刑过重。"

缇萦顿时有了希望，赶紧对来人说："我愿意代替父亲受罚，只要皇上能免除他的肉刑，民女就感激不尽。"

缇萦的一片孝心感动了汉文帝，他又认真地想了想，做出了最终判决——收缇萦到官府做奴婢，无罪释放淳于意。

这个案子结束以后，作风简朴、爱惜民力的汉文帝开始认真思考肉刑是否合理的问题。这个刑罚实在是太残忍，对于受刑者来说，不仅是很大的人格侮辱，而且还会让他们的身体落下残疾。

后来，汉文帝颁布了一封诏书，让廷尉废除了肉刑。一个15岁的弱女子，凭借自己的勇敢，不仅解救了父亲，还让令无数人为之胆寒的肉刑被废止。试想一下，如果不是勇敢的缇萦冒着生命危险冲撞皇帝的车骑告御状，不知道还有多少人会遭受肉刑的戕害，说缇萦影响了西汉的律法史，一点儿也不为过。

婢女外交家

我国历史上有名的外交人才非常多,例如凿通西域的张骞,持节不屈的苏武,然而却鲜少听闻古代的女外交家吧。其实早在汉代,就有一位非常出色的女外交家,名叫冯嫽,也被称为冯夫人。

汉武帝时期,北方的匈奴势力很强,双方战争不断。汉武帝为了拉拢更多的力量,采用和亲政策,与西域国家乌孙联盟,共同对抗匈奴。当时嫁过去的公主是汉朝王室的宗室女,人称解忧公主。

大汉朝的公主出嫁,肯定不能是孤身一人。大量的侍女陪着公主一起远嫁异国,负责照顾她的生活,冯嫽就是侍女之一。

虽然冯嫽只是一个侍女,但她和公主的关系特别好,算得上是公主的"闺蜜"。在异国他乡拥有一个知己,这让远离故土的解忧公主得到了些许安慰。此外,冯嫽很清楚和亲的公主都肩负政治责任,自己作为公主的侍女,理应为她排忧解难。因此,冯嫽在乌孙国非常活跃,很快就掌握了当地的语言和文字,与当地居民建立了良好的关系。只有这样,她才能帮助公主更好地融入这个异国社会。

因为善于沟通交流，冯嫽这个来自异国的侍女，逐渐被当地人接受。她开始代表公主处理与官员之间的往来，甚至可以用公主的名义访问附近的小国，带去汉朝友好的问候，并且得到了大汉朝廷的认可。慢慢地，西域各国的人都知道了在乌孙国有一位出色的汉朝女子外交官，冯嫽的名声越来越响亮。

冯嫽举止大方，行为优雅，这样一位出众的女子，必定会引起乌孙国高级官员的注意。乌孙国的右将军倾慕于她，直接向她求婚。

冯嫽答应了，但其中或许没有多少爱情的因素，更多的是出于国家利益的考量。冯嫽心里清楚，公主已经是乌孙国的王后，自己作为她的侍女，肯定会在乌孙国度过余生，能和乌孙国的高级官员结婚，也可以让乌孙国和汉朝的关系更加紧密。

然而，汉宣帝时期乌孙国发生了内乱，北山大将乌就屠趁机篡位。乌孙国政权更换，这也意味着从前汉朝和乌孙国建立的姻亲关系不存在了。

汉宣帝当然很生气，立即派遣破羌将军辛武贤率军出击。军队浩浩荡荡地出发了，但是西域都护郑吉意识到大汉军队的弱势，虽师出有名，可乌孙国毕竟距离汉朝太远，等汉朝军队长途赶路来到乌孙国，早已经是人困马乏的状态，还怎么有精力打仗？

与其用武力解决，还不如先尝试一下政治手段。郑吉便向朝廷建议，大军先按兵不动，让冯嫽和乌就屠谈判。如果谈判不成，再出动大军也不迟。

冯嫽长期在乌孙国居住，当然了解内部的情况，也了解乌就屠的性格。她这样一位本地通，知道该如何劝说叛军，也知道叛军想要什么、惧怕什么。于是冯嫽陈述利害，恩威并施，很快就把乌就屠说服了。

乌就屠答应退位，把王位让给解忧公主的儿子元贵靡，而汉朝也赐给他一个封号。一次会面，几句交谈，就让一场血腥战争消解于无形，显示了冯嫽这位外交家出色的能力。

冯嫽立了大功，汉宣帝打算召她回国，亲自接见并表彰她。于是，冯嫽终于回到了自己阔别四十多年的祖国。这一次，汉宣帝不只亲自接见冯嫽，还封她为正使，让她再次出使乌孙国。

乌孙国国运坎坷，没多久，乌孙王元贵靡病故，他的儿子星靡登基。然而星靡太过软弱，根本没有能力治理国家。于是权臣趁机把控朝政，乌孙国又一次陷入内乱之中。

此时解忧公主已经70岁了，她不愿死在异国他乡，打算完成最后的心愿——回到家乡。就这样，解忧公主和冯嫽回到了汉朝。其实，从冯嫽做出的贡献来看，她完全可以留在汉朝颐养天年，但国家需要联结乌孙这个盟友，巩固在西域的影响力。为此冯嫽选择第三次出使乌孙国。

冯嫽的沟通能力极其出色。她说服了反叛的权臣，平息了乌孙国的内乱，使乌孙国与汉朝的关系恢复如初，而她的大名也再一次响彻西域各国。随后,汉朝让冯嫽以解忧公主的名义走访西域各国,扩大了汉朝的文化影响力。

总的来说,冯嫽的确是一名奇女子。她比王昭君出塞早了68年,在乌孙国待了五十多年,通晓各国语言,就连《汉书》都用了很大的篇幅来记录她的事迹。可能很多人都忘了,冯嫽最初仅仅是一名侍女,这都是由一个侍女创造的奇迹。

36 人使团

古人在记载历史的时候,向来是惜字如金的。因为当时的记录成本比较高,为了节省篇幅,往往会突出主人公的功绩,省略小人物的事迹。但在史书的某些角落,我们能不经意地发现许多无名英雄的功勋。

西汉末年,王莽篡权成功,随之而来的是天下大乱。各地的诸侯开始割据混战,趁机添乱的还有外敌匈奴。在此之前,汉朝和匈奴多次和亲,但效果都不太理想,两国依旧剑拔弩张,摩擦不断。如今汉朝国内政治动荡,匈奴当然不会放过这个机会,很快控制了西域各国。

光武帝刘秀稳定政局,正式建立东汉后,并没有急于发兵西域。一是经历动乱,国家实力不允许持续作战;二是西域距离汉朝太远,很难顾及。

然而,匈奴却开始得寸进尺,先是侵犯汉朝边境,然后进军河西地区。河西地区不得安宁,很可能直接威胁到都城所在的关中平原,光武帝刘秀意识到不解决匈奴问题是不行的。永平十六年

（73），奉车都尉窦固率领汉朝大军浩浩荡荡地出发了。这支军队当中，就有班超和他的36名部下。

这场汉匈之战以汉朝军队取胜告终。但是，汉军的任务还没有完成，因为西域各国还从属于匈奴，所以必须派遣使团到这些小国游说，让他们重新和大汉结盟。

班超当时的官职并不大，被选为出使西域的假司马，也就是代理司马，他手下只有36个人，组成了一支收复西域各国的队伍。

班超等人到达的第一个国家是鄯善国，也就是楼兰。鄯善国国王一开始态度非常好，好吃好喝地接待班超他们。但没过多久，待遇突然就降低了，鄯善人开始对他们爱搭不理。

班超知道，这其中一定有匈奴的影响。确实，匈奴派人来威胁鄯善国国王，想让他们继续跟随匈奴。一边是大汉，一边是匈奴，都是不好惹的角色，这让鄯善国国王很难抉择。大汉虽然实力强大，但毕竟远在千里之外，不可能时刻保护鄯善，然而匈奴只管掠夺财物，并不是可靠的盟友。

班超看穿了一切，直接问鄯善的官员，匈奴使者跟你们说了什么？他们现在在哪儿？其实这只是旁敲侧击，让鄯善人以为班超已经知道了真实的情况。于是这位官员把匈奴使团的事和盘托出。

班超知道自己必须采取行动了，回去和兄弟们喝了顿酒，借着酒劲做了个战前动员。三十多人聚在一起，简单商量了一下，决定用火攻，烧了匈奴使团的营帐。

说干就干，他们在匈奴使节的营帐旁放了把火，等惊慌失措的匈奴人跑出来救火时，就撞上了早在门口埋伏的班超等人手中的大刀。

随后，班超提着匈奴使者的人头，找到了鄯善国国王。国王一看，好家伙，这三十几个人不声不响的，这么一小会儿就歼了匈奴使团。要是不肯归顺汉朝，下一个掉脑袋的恐怕就是自己了吧。鄯善国国王立刻决定归顺，为了表明诚意，他还把自己的儿子送到了大汉做人质。

收服鄯善国的任务完成了。班超带着自己的兄弟们向窦固复命。窦固一听，当然高兴，就让班超继续做司马，出使其他西域国家。

窦固看班超的人手太少，想再派一些人给他，结果被班超拒绝了。也许他们共同战斗过，已经形成了默契，不需要多做改变吧。

这次，班超来到了于阗国，也就是今天的新疆和田地区。当时的于阗国是匈奴的属国，立场明确，而且刚刚赢得了一场战争，士气正盛，对汉朝使团的态度相当轻蔑。

一位深受国君信赖的巫师对国君说："上天发怒了，你得用汉朝使者的宝马祭祀，不然的话，上天会更加生气。"

国君立刻就派人找汉朝使者要马，一点都不在乎邦交礼仪。班超当然不乐意，我们不曾受到礼遇也就算了，还故意索要我们的马，这不明摆着是下马威吗？他明面上答应，请巫师自己来取。巫师大摇大摆地来了，谁知班超一刀就砍下了他的头颅，干净利落。然后班超提着巫师的头，去见于阗国国君。若要与汉朝作对，这就是下场。

于阗国国君也被震慑住，再也不敢胡来，他下令处死了匈奴使者，以示与匈奴决裂。

三十几人的使团，连续征服了两个国家，班超等人在西域名声大噪，匈奴的势力范围越来越小。

公元89年，汉朝再次对匈奴发动进攻。几年后，东汉重新恢复了对西域的控制权。

班超和他的36个兄弟，一直活跃在西域。不论是军事事件还是政治事件，都少不了他们的身影。然而，历史上有记载的只有班超和一个书呆子郭恂，其他人仅用了一个"等"字："班超率领郭恂等三十六人……"即便没有记录姓名，我们依然应该铭记他们的英雄事迹。

太监发明家

什么样的人物能影响人类的历史进程呢？比如制度的革新者，世界的探索者，还有发明家。曾有人制作了一个榜单，挑选世界范围内100名影响人类历史进程的人物，想来上面记录的都是彪炳史册的大人物，比如秦始皇。然而，一个来自东汉时期的太监也成功入选，他的名字叫蔡伦。

单以成就来看，蔡伦绝不是无足轻重的小人物，他因改良了造纸术而为我们所熟知。纸张还未普及的时候，古人在青铜器、丝绸、木片、竹简上记录事件。不论哪一种方式都存在着巨大的缺陷，那就是成本问题。青铜器和丝绸造价昂贵，就算贵族也不能随意取用，难道想写个日记，还得先开矿冶炼？木头和竹子倒是便宜，但过于笨重，而且也不便传阅。想要借本书，结果先要租一辆车拉着一车的竹简回来，这实在是太不方便了。

因此在那个年代，文字记录的成本是很高的，所以古人只能惜字如金。知识和思想很难传播，文化也就只存在于高等级的社会群体中，平民是很难接触到的。

所以说，蔡伦改良了造纸术，让纸张逐渐替代了竹简，使文化知识的传播变得广泛而便捷，功绩不可谓不高。然而，在他所处的时代，他并不是一位受人尊敬的发明家，而是参与宫廷斗争的弄权者。

蔡伦出生于今天的湖南地区，在他很小的时候就被父母送进了宫。这说明蔡伦的家庭情况不好，甚至可能非常穷困。十几岁的蔡伦到了洛阳，开始了解权贵们的生活与思考方式，逐渐适应尔虞我诈的环境，官至黄门侍郎。虽然官不大，但他可以和皇室的人直接接触，为他向上爬创造了更多的机会。

此时汉章帝的窦皇后没有子嗣，整天满面愁容，她担心已经生下太子的宋贵人会取代自己的位置。蔡伦了解了窦皇后的苦闷后，为表忠心，他向窦皇后表明，自己可以帮她处理这件事情。所谓处理，就是要除掉宋贵人。蔡伦不是春秋战国时期的刺客，他不可能自己拿刀行刺，而是在皇帝面前打小报告，说宋贵人行巫蛊之术。巫蛊是诅咒一类的邪术，在今天看来没有任何作用的迷信行为，当时却是重大的罪行。不管是否有效，对于皇帝来说，这种事情出现在皇宫，是非常不吉利的。宁可错杀一千，不可放过一人。于是宋贵人被送进了大牢，不久后郁闷自杀。

窦皇后除掉了对手，但仍然缺一个能继承皇位的孩子。于是她再次召见蔡伦，让其暗施计谋，把梁贵人的儿子刘肇给抢了过来。尚在襁褓当中的刘肇，就这样成了窦皇后的儿子。

刘肇成为太子后,窦皇后的地位得到了巩固。而多次帮助窦皇后的蔡伦,也顺利得到了晋升。刘肇,也就是汉和帝继位后,由于年纪太小,他还不能够直接治理国家,所以蔡伦获得了上位的机会,成了整个汉朝第一个干预政治的太监。蔡伦出身平凡,却能大权在握,也算是出人头地了。然而,蔡伦刚刚上位不久,窦皇后就去世了。

蔡伦虽然是皇帝身边的红人,但是皇帝太小,还不懂事,他真正的靠山是窦皇后。如今窦皇后死去,蔡伦必须再找一个靠山,才能继续掌权干政。于是,他打算讨好汉和帝的皇后邓绥。

邓绥平时喜欢琴棋书画,当时已经出现了纸张,只是造价实在太高,别说民间,就算是皇宫都无法大量使用,因此她总不能随心所欲地练书法或者画画。

当时的造纸工序非常烦琐。据说,这种造纸术的发明源于一次大暴雨。暴雨持续了好几天,一些树木纤维被冲到了河中,形成了最原始的纸浆。人们无意中发现了纸浆,从中分离出纸张,质量出奇的好。虽然造纸术已经出现,但当时的生产力跟不上,以至于纸张造价太高,而且质量不好把控。

蔡伦要投其所好,就得改良现有的造纸术。于是,他开始了艰苦的研究,他不断试验新材料、新方法,比如树皮、旧麻布、破渔网等,把这些随处可见的物品捣烂、浸泡,获取纤维,终于降低了造纸的成本。造纸的工序也变得简单起来。

有了这种新技术，纸张逐渐流向全国，文学、书法的发展也有了质的飞跃。这种新型纸张被称作"蔡侯纸"。凭借这个发明，蔡伦不仅获得了帝后的赏识，还得到了封号和封地。

然而，汉和帝去世后，当年宋贵人的孙子刘祜继了位，他很快便调查到蔡伦参与了谋害宋贵人的案件。蔡伦失去了所有靠山，随时会被剥夺一切，性命不保，他认为与其天天提心吊胆，还不如自行了断。

公元121年的某一天，为造纸技术改良做出重大贡献的蔡伦，在京城洛阳的家中自杀身亡。可能他自己也没想到，费尽心力得来的权力无法长久，但他为上位而鼓捣出的造纸技术却源远流长，造福后世。

前线的信使

东汉末年是一个各地军阀混战的乱世。当时凉州的军阀马超正与曹操斗得你死我活，凉州铁骑勇猛，曹操狡诈。双方你来我往，原本曹操占了上风，只要乘胜追击，就能彻底将马超的势力击垮。然而就在这个关键时刻，曹操的后方出了事。苏伯在河间造反，曹操不得不赶紧回去平叛。马超抓住机会，回去休养生息，很快便卷土重来。这一次，马超持续扩大战果，接连占领了陇右地区的很多郡县。

此时，上邽郡的上下领导早就达成了一致，决定归顺马超。毕竟现在马超近在眼前，等着曹操派兵来救肯定是来不及的。只有一个人极力反对，那就是阎温。他认为，虽然现在马超势力强大，但他有勇无谋，可以为人臣，却不是个当领导的好料，肯定干不成什么大事。

然而领导们已经做了决定，阎温只是一个县令，改变不了会议的结果。

但阎温觉得自己不能坐以待毙，他跑到了翼城，准备暂时避一避风头。没想到，马超紧接着就包围了翼城，翼城危在旦夕。

翼城的守卫不打算投降，紧急派阎温出城，让他去找夏侯渊来救援。然而马超的围城大军早就把翼城堵得水泄不通，巡逻的士兵发现有人出城，赶紧通报马超。马超想，这肯定是跑出去搬救兵的，不能让他们得逞，于是他立刻派人去追。阎温势单力薄，跑不过马超的追兵，没过多久，他就在显亲界这个地方被追兵抓住，押送回去见马超。

马超见到阎温，不仅仅没有大刑伺候，甚至还给他松了绑，好好地招待他。一方面，阎温在这种危急情况下能够铤而走险，独自跑出去送信，其勇气实在是令人敬佩；另一方面，马超需要阎温劝降城内守将。他对阎温说："我留你性命，你也该回报我。你现在回去报信，就说夏侯渊不愿来救，让他们在攻城之前赶紧投降吧，也省去了流血牺牲。"

阎温假意答应，等马超的人把他带到城下，让他向城里喊话时，阎温却没有按照准备好的说辞开口，而是向城里大声喊道："救兵马上就到，大家坚持到最后啊！"

阎温这样的人，既然敢孤身一人出城送信，肯定早就把自己的性命抛在一边了。

马超得知后大怒，又问阎温："城里是不是有想投降的人，人数有多少？"他之所以想知道这个，是想估算一下城中是否有可能发生叛乱。

阎温仍然不为所动，一言不发。马超没有办法，最后杀了阎温。而翼城军民受到鼓舞，选择抵抗到底。

有人说，阎温的行为是愚忠。毕竟曹操远在千里之外，阎温再怎么忠于曹操，后者也不会给他一官半职。因为曹操根本就不会知道还有这么一个小人物存在。

更何况，曹操是一个争议很大的人物。今天也有人说曹操是一个奸臣，只不过生在了乱世，他才有机会创立事业。如果曹操生在盛世，很可能早就被处死了。

可是，我们也不敢想象，如果没有这些忠义坚定的人，世界将会变成什么样子。忠诚、信义、勇敢无畏之所以受人敬仰，就是因为它们在历史上稀少却影响深远。

历史上还有不少像阎温这样的人。

公元376年，正处于十六国时期。北方的匈奴、鲜卑、羌族等民族由各自为战逐渐趋于统一，北方形成了一个新的国家——前秦。

前秦的皇帝苻坚，此刻的势力空前强大，整个北方都在他的手中。

这个时候，由三国末期的司马家族建立的政权还在南方继续生存，史称东晋。

苻坚知道，现在的天下势力，就是自己和东晋的南北对峙。至于谁能一统天下，还要通过一场大战来决定。经过多年准备，苻坚集结了手下的全部士兵，准备粮草，等一切安排就绪，他便率领前秦大军进攻东晋。

大军围攻襄阳城数月，没有任何进展。苻坚选择开辟第二战场，目的是使东晋的军队分心，从而削弱襄阳的防守力量。于是，一部分军队将矛头转向了彭城，希望转移东晋军队的注意力。随后襄阳被攻破，胜利后的苻坚大军又将全部力量放在了进攻彭城上。

彭城究竟有多重要呢？这么说吧，彭城就相当于东晋首都建康的屏障，如果前秦把彭城拿下了，那么建康就唾手可得。所以，东晋必须在敌人攻下彭城前，从建康派兵增援，并用一切办法击退前秦军队。不然彭城失守，建康就会受到极大的威胁。

谢玄临危受命，带着一万多精兵，紧急去支援彭城。而此刻，前秦军队正在没日没夜地发动攻城战。在这个危如累卵的关键时刻，彭城内部如果出现任何意外，都有可能葬送全城，影响局势。眼下最重要的事情是赶紧通知彭城的军民，东晋不会扔下彭城不管，救援大军已经紧急出发了。

于是，谢玄派田泓火速前往彭城传信。可是，前秦军队早就把彭城围了个水泄不通。不要说一个人，就是一只苍蝇也飞不进去。眼下只剩走水路这一个办法。田泓的水性非常好，他向谢玄保证，就是死也会完成任务。此刻，整个彭城，甚至整个东晋的命运全都压在田泓这位年轻人身上了。

其实，谢玄早就预见了田泓的结局，只是无可奈何，为了东晋

99

的存续，他必须做出牺牲。果然，田泓还没下水，就被前秦军队抓住了。

经过一番拷问，前秦军队知道田泓是来通风报信的，便想让田泓给城中提供假消息，说东晋已经放弃了彭城，让彭城军民尽早投降。

田泓当然同意。不过，他在城下喊的却是："谢玄将军已经率军出发了，大家坚持住啊！"

话音刚落，一把屠刀就落在了田泓的头上，一条年轻的生命就此终结。他的事迹，和一百多年前阎温的故事何其相似。

而彭城里的人们，听说谢玄即将率军到达，群情振奋，准备抵抗到最后一刻。正是因为田泓带来了援军即将到达的消息，才让彭城守军提升士气，真的等来了谢玄的军队，内外夹击，顺利击败了前秦军队。如果田泓贪生怕死，最后将假消息喊出来，导致彭城人心惶惶，无心作战，前秦军队很可能攻破彭城，然后剑指建康，一路推翻东晋政权。

改变连坐法的无名氏

在一些历史类影视剧当中，经常会出现一个词——"诛九族"。这是最恐怖的刑罚之一，喻示着整个家族都要被杀光了。在古代，一般来说，能够被判处诛九族罪行的，都是一些政治犯，或参与重大叛变行动的人。在皇帝看来，这些人既然敢参与背叛国家的行动，就说明他们心中肯定不接受现在的国家或现有的制度，之所以能够形成这样的认知，很可能是受到了家族中其他人的影响，在这种环境中耳濡目染，逐渐加剧了对现有制度的不满。另外，如果只杀掉政治犯本人，而不杀掉他的族人，那么他的族人日后很有可能继续造反。毕竟，一个家族中能产生一个政治犯，就能产生第二个，这个家族的整体价值观可能和现有的制度相悖，仇恨也会继续催发叛变。所以，为了日后的安全和稳定，古代皇帝认为诛九族是最好的办法，即使这样做会牵连无辜。

然而，株连九族和诛九族不同，别看这两个词就差了两个字，含义可是天差地别。如果是诛九族，那么你的族人一个都跑不掉，必须全部杀光。而株连九族，就有了很大的回旋余地。最主要的还是这个"连"字，可以理解为有关联，有关系。但是具体有什么关系，有多大的关系，就完全是另外一套评价标准了。总之，株连九族，相比于诛九族，有了更大的范围，同时也有了更大的灵活性。统治者可以根据现实情况来判断家族当中的其他人是否和罪犯有关系，也就能在一定程度上避免无辜族人被杀的情况出现。

这种残酷的律法在夏商周时期就出现了，当时的社会比较落后，法律也很粗暴。其实只要我们仔细想一想，就能大致猜到当时的社会情况。当时的人们，连饭都是吃了上顿没下顿，根本就没有几个人认识字，更不用说了解法律是否合理有效了。所以，很多在我们今天看来很荒唐的律令，在古代却延续了很多年，就比如连坐制度，它对社会的进步起到了抑制作用。

为什么秦朝末期的农民起义闹得那么轰轰烈烈，很大一个原因就是罪犯的比例太大了，平民百姓稍不注意就会被连坐法牵连，当时的连坐法甚至不局限于有血缘关系的家族成员，邻居、乡亲、地方管理者都会因为一点小事而被连坐，判为罪犯。

秦朝灭亡后，汉朝的汉文帝就对这个连坐制度产生了极大的质疑。他把朝廷里的司法官员都叫来，大家一起开了个会。汉文帝的想法很明确：法律是人创造的，目的是让百姓活得更好，不合理的法律就应该坚决废除。

司法官员却回答，法律的创立和废止都要考虑现实环境。现在的老百姓素质太低，如果没有连坐这样的重刑，根本就不能让老百姓对朝廷产生敬畏，这样会导致整个国家的犯罪率提升。连坐法存在，他们在犯罪的时候就会考虑到家人，从而起到威慑作用。连坐制度是老祖宗传下来的，实行了很多年，效果一直不错。

然而，汉文帝并不这么认为。他认为，国家的法律不合理，人民就没有敬畏心。只有法律公正、合理，老百姓才能够打心底里信服国家，信服法律。当官的以身作则，才能让老百姓有个好榜样。单单靠重刑恐吓是解决不了问题的。重刑，只会逼着更多人铤而走险，进而危害政权统治。

汉文帝能有这样的想法，实在是难能可贵。古代的皇帝都是集所有权力于一身，想干什么就干什么，没有人能够限制皇帝的行为。处于生杀予夺随心所欲地位的君主，能主动为百姓着想，有志向改变制度和律法的并不多见。

这也是古代要设立丞相的原因。皇帝是家族传承的，不管你是否有能力，只要你生于帝王家，就有可能成为皇帝。换句话说，继承制度无法保证皇帝的能力。但丞相并不是世袭，设立丞相就是为了保证永远有一个明事理的聪明人待在皇帝身边，帮助皇帝做出相对合理的决策。

公元前179年，汉朝正式废除"收帑诸相坐律令"[1]。也就是说，一个人犯罪，家族当中的其他人不会受到牵连，除非其他人参

---

[1] 司马迁.史记：卷十[M].北京：中华书局，1982：1125.

与其中，或真的有犯罪嫌疑。如果历史就这样走下去，可能冤假错案就会少很多。结果到了西晋，连坐制度再次出现。

西晋颁布了名为《泰始律》的法律制度。这部法律吸收了儒家、法家、道家的内容，也参考了过去的部分律法，这其中就包括连坐法。

当时的雍州刺史兼西戎校尉解系和司马伦一起出兵讨贼。解系因为得罪了司马伦的一个亲戚，结果遭到报复，不仅自己性命不保，家族里的人也都受到牵连，基本上被杀光了。

根据连坐法，解系的弟弟解结也要被杀头，而他快要结婚的女儿，当然也在连坐之列。她本来要嫁入裴氏家族，裴氏家族想要救她，立刻向朝廷表示解结的女儿马上就会成为自己家的媳妇，也就属于裴家，与此前的家族无关了，希望能够通过这样的方式让她逃过杀头之罪。

然而，解结的女儿却说："我们一家人都被杀了，留着我一个人有什么用呢？索性把我也杀了。"

这件事情传得沸沸扬扬，几乎每个人都在议论。一位有傲骨、有勇气而且深爱家人的女子，竟然要因为连坐而被杀。她根本就和政治扯不上任何关系，实在是太冤枉了。

舆论持续发酵，居然给朝廷带来了很大的压力。其实也是因为民间对连坐法的不满情绪积累到了一定程度，借着这件事爆发出来。如果朝廷放任不管，很有可能让民间的反对情绪发展成起义叛乱。所以，朝廷召集群臣，重新修改《泰始律》中的连坐法，并规定"女不从坐"，也就是免除女性的连坐罪名。《晋书》对这事做了记载："女不从坐，由结女始也。"

对于连坐法来说，仅仅免除女性的罪，是远远不够的。但在当时那个封建制度中，这已经是非常大的进步了。这种重大的改变，都是因为一名有傲骨的女子。可史书当中没有记载她的名字，实在是一个大大的遗憾。

卷三　唐宋时代

平凡人见证的盛世与乱世

谁引发了玄武门之变

公元618年,李渊称帝,国号为唐。

当上皇帝后,他不得不考虑继承人的问题。自己辛苦打下来的天下,当然要好好选一个接班人,不然自己一生的努力就白费了。

当然,不仅是皇帝在考虑继承人的问题,皇子们私下里也会明争暗斗,争权夺位,甚至到了你死我活的地步。

在这场继承人争夺战中,太子李建成和秦王李世民分成了两大阵营。太子是嫡长子,在继承制度中占据优势,而秦王李世民战功赫赫,个人能力与声望皆十分突出,双方可以说势均力敌。这种时候谁掌握了更多的信息,谁就更有可能发现对手的弱点,从而击败对方。

正逢东突厥将军阿史那郁射设率数万铁骑围攻乌城,战场就在今天的陕西省境内。消息传回朝廷,太子李建成和齐王李元吉认为,这场战争能帮助他们彻底搞垮李世民。

李建成向父亲李渊申请,让齐王李元吉带兵打仗。李渊对于太子提出的建议比较重视,很快便同意了,并命令右武卫大将军李艺、天纪将军张瑾等人一同支援乌城。

李元吉大权在握,作为前线的总指挥官,所有的军队与将领都要听从他的调遣。他从李世民那里调来了尉迟敬德、程知节、段志玄、秦叔宝等人,把李世民的精锐都抽空了,为的是削弱他的力量。

没了兵权的李世民,自然就会成为待宰羔羊。太子李建成随即和李元吉商量,趁现在找个机会杀掉李世民。

只要李世民一死,他手下的大将便会群龙无首,李元吉就可以在出征的过程中,随时处决他们,这样不会引起任何怀疑。如果李建成的计划成功了,那么历史上,就不会有"玄武门之变"了。谁知,一个名叫王晊的人改变了局势。

王晊是东宫率更丞,也就是跟在李建成身边负责报时的小官。实际上,他是秦王李世民安排的卧底。他探听到李建成的计划,立即跑到李世民那里,将李建成要暗杀他的消息告诉了李世民。

李世民听到这个消息,虽然愤怒,却没有立刻暴跳如雷,提着刀带着人去杀李建成。如若果真那么做了,他就坐实了以下犯上、谋权篡位的罪名,会被天下人讨伐。

自古以来,皇室中骨肉相残的事情屡见不鲜。但这并不代表李世民不会受到外界的谴责与自我内心的煎熬。如果他为了夺权而杀掉李建成,那他就犯了同室操戈的大忌,会背上千古骂名。然而,一旦证明是李建成想谋害他在先,那么自己的反击就成了无奈之举，也就不用再遭受良心的谴责。

对他心理的记载如下："欲俟其发，然后以义讨之。"[①]也就是说，李世民为自己的行为建立了合法性，是敌人欲先发难，而我是被迫自卫。我不是恶人，不是没有道义的强盗，也不是野心家，我是被逼反抗的正义之师，是讨贼的正义力量。我和我的部下被李建成逼到了绝路，已经不反击不行了。

李世民营造出一种自己是受害者的情况，在未来会收获更多支持。这样一来，他已经在道义上赢了一步。政变的合法性被制造出来后，李世民手下的将领义愤填膺，也下定决心，等李世民一声令下，就与李建成开战。

万事俱备，出发之前，还需占卜一下此行的吉凶。李世民希望用天意昭示此次行动的成功，再次增强信心。

此时，府僚张公谨刚好从外面匆匆忙忙地跑进来，显然他是来晚了。他一进门，就看见了用来占卜的龟壳，他一气之下拿起龟壳扔到了角落，大喊起来："左右摇摆、犹豫不决的时候才会用这种虚无的占卜之术来做参考。现在都打算跟他们决一死战了，难道占卜出来的结果不吉利，我们就能收手吗？这时候占卜只会动摇军心。"

于是，大计就此议定。欲控制天下，必先控制长安；欲控制长

---

① 司马光.资治通鉴：卷第一百九十一[M].北京：中华书局，1956：6008.

安，必先控制玄武门。这就是玄武门之变的由来。

后来，李世民杀死了自己的兄弟，逼迫父亲退位，终于登上了皇位。在今天看来，李世民的做法并不光彩，但就当时的情势来看，或许他也没有其他的选择。不得不说，如果没有王晊这个小人物及时的通风报信，可能玄武门之变就不存在了。

失职守卫成就了西天取经

唐僧西天取经的故事人们耳熟能详，其人物原型玄奘也是家喻户晓。唐太宗在位时期，玄奘曾跋涉千山万水，到达天竺境内，也就是今天的印度，学习经文。这是历史上一次值得称颂的壮举，哪怕放在今天，用汽车作为代步工具，去一趟印度也很不容易，更不用说在条件艰苦的古代，孤身一人，靠走路和骡马翻山越岭，长途跋涉了，况且一路上还需要防御极端气候和猛兽袭击。玄奘只身一人走到了印度，实在令人敬佩。

更重要的是，玄奘走的不是直接向南的最短路线。因为他没有任何装备，靠自己是无法翻过喜马拉雅山脉的，只能从西北绕过喜马拉雅山脉，然后从北部进入印度，这使他的路程变得更加漫长。

让我们从头说起。法师玄奘对佛法的研究很深刻，曾多次外出讲经。在讲经的过程中，他发现了一个问题，各地的佛经翻译版本都不同，对于佛经内容的理解也不同，久而久之，各地各派对佛经的理解差异越来越大，分歧也越来越多。

玄奘在长安遇到了一个天竺的高僧。他告诉玄奘，要想弄清佛经原文究竟写的是什么，就必须到佛教的发源地——天竺去，天竺的那烂陀寺是佛学的最高学府，在那里，你的疑问都会得到解决。

可是，在玄奘所处的年代，周边国家战乱不断，普通人想要出境必须得到官府的允许。对于玄奘的出国请求，官府迟迟不予答复，这也是为了玄奘的安全考虑，当时是战争年代，如果他孤身一人出了边关，遇到了其他国家的军队，那肯定是凶多吉少。

那偷渡可不可行呢？首先，在大唐的边境地区有很多关口。即便能够偷偷通过其中一道关口，也会被后面的关口拦截，无法保证每一次的运气都那么好。另外，没有朝廷的允许，就没有正式的文件，到了其他国家也不会被放行，还可能被扣上间谍的帽子。真到那个时候，就算有一百张嘴也说不清了。

可玄奘认为，人的一生就这么几十年，如果自己再不动身，可能一辈子都不会达成心愿。所以，年纪轻轻的玄奘孤身一人出发了。他要冒着被杀头的危险，穿过边境的层层关口，穿过茫茫大戈壁，抵御寒冷，防御猛兽，到达天竺。其中的艰辛不计其数。

玄奘一路向西走，来到了凉州，也就是今天的甘肃武威市凉州区一带。由于没有正式的出国手续，都督李大亮不允许玄奘过关，命令他立刻返回长安。

玄奘不信邪，又继续走了一千多里，来到了瓜州，即今天的甘肃省酒泉市境内，他打算从这里偷偷出国。

李大亮早就料想到了玄奘不会轻易放弃，在玄奘离开的时候，李大亮便下令各个关口严格检查过往人士，千万不能让玄奘过关。

玄奘前脚刚到瓜州，李大亮的文件也跟着到了。不过，瓜州守卫士兵被玄奘不畏艰险的精神打动，竟然假装没有收到文件，放玄奘过去了。

玄奘的运气的确很好，下一关就是玉门关了，所谓"春风不度玉门关"说的就是这个地方。玄奘在这个地方竟然遇到了一个自己的崇拜者，他表示愿意跟着玄奘一起出国，到天竺去取经。这是玄奘在取经路上收的第一个徒弟。明朝的吴承恩写《西游记》的时候，说不定就借鉴了这件事情。

这个徒弟对玄奘来说作用很大。徒弟熟悉当地的地形，带着玄奘走水路，竟然成功地过了玉门关。

再向西走，就是茫茫戈壁，以及未知的危险，刚收的徒弟心里打起了退堂鼓，最终离开了玄奘，理由是自己还有家室要照顾，只给玄奘留下一匹老马。

在戈壁中还有五烽，也就是五座以烽火台为核心的边防站，是为防御外敌侵略设置的。

玄奘来到第一道烽火台时，就被守城士兵发现了。士兵的警惕性很高，看到玄奘就要立刻放箭。

玄奘赶紧大喊："不要放箭，我是从长安来的僧人。"

守城士兵仔细一看，的确是个僧人，就把他带回，仔细盘查。

这个时候，校尉王祥掌握了玄奘的命运。王祥上下打量，看玄奘的穿着不似普通的僧人，相貌出众，谈吐高雅，像是从大城市来的。正当王祥犹豫不决时，玄奘倒先开口了。他问王祥最近是不是收到文件，提醒他们注意有个要去天竺取经叫作玄奘的僧人。

王祥一惊，回答道："那和尚到凉州就被拦截下来，现在已经回去了。"

玄奘便拿出了自己的度牒给王祥看。度牒并不是通关文件，而是和尚的身份证。也就是说，玄奘虽然没护照，但是有身份证，能够证明自己是唐朝人。

凑巧的是，王祥是个信佛之人。他一看玄奘的度牒，知道玄奘从长安远道而来，而且志向远大，有完成自己宏愿的勇气和毅力，让他十分佩服。

可是，王祥有命令在身，不能违反规定。于是他对玄奘表示："你是僧人，我也是信佛之人，所以我很尊重你。这要是换成其他人，是可以立刻处决的。但今天我不会杀你，请你赶紧回到长安吧，没必要非要去天竺受罪。"

玄奘态度很强硬，哪怕是死，也要死在去天竺取经的路上。在没有完成任务之前，自己是不会回到长安的。

最终，王祥心软了。他不仅放玄奘过关，还给他置办了行李和补给，同时给玄奘指了路。他说："从这里出发直接去第四个烽火台，那里的守卫和我一样，也信奉佛教，尊重僧人，你就从那里直接跨过边境，大胆去天竺取经吧。"

玄奘按照王祥所说，通过了第四个烽火台。

就这样，玄奘一波三折，总算走出了大唐的边境，开始了他的西行之旅。最终，玄奘到达天竺那烂陀寺。他潜心学习，解决了心中所有关于佛法的问题，还带回了很多佛经。

回头望去，王祥也是促成此事的关键人物之一。如果王祥不是恰好信佛，或是个死板严酷的守卫，那他不仅不会让玄奘过关，还可能杀死玄奘，也就没有后面的故事了。

就公开违反命令，放玄奘出关这一点来看，王祥属于玩忽职守，肯定是有罪的。可是，玄奘出关后，带回了佛经和知识，促进了佛教的本土发展，还记录了印度和西域的古代历史，从这个角度出发，王祥的网开一面又是有历史功绩的。所以，还是要从不同的角度去看历史，这样才会产生更多面的认识。

五品小官征天竺

当年玄奘取经的目的地是那烂陀寺，位于戒日王朝的摩揭陀王国。那烂陀为梵语，意思是无畏施。当人身心不安、恐惧害怕时，布施能帮助人们消除恐惧。

玄奘精通当地的语言，又学识渊博，名气很大。戒日王尸罗逸多对玄奘非常尊敬，同时对大唐也很感兴趣，他向玄奘详细询问了李世民的情况。

玄奘毫不含糊，一字一句地说："大唐皇帝平定大乱，建立太平盛世，征服蛮族，还写了《秦王破阵乐》。"

戒日王尸罗逸多一听，叹道："这样的大帝，我应该去往东方朝见，建立邦交。"

出一趟远门不容易，戒日王把东天竺、南天竺、西天竺、北天竺四个方国组织起来，组团去唐朝朝贡，表达印度与唐朝交好的愿望。唐太宗接受了使团的觐见，礼尚往来，也派出一个使团回礼。

使团的团长是上护军李义表，他的随行人员之中，有一个来自广西的小县令——王玄策。王玄策一辈子兢兢业业，总算小有成就。但在使团当中,他的地位很低,平平无奇,丝毫不引人注意。

使团到达摩揭陀王国后顺利完成了使命,众人参观了当地的佛寺,在里面立了碑做纪念,随后就马不停蹄回到了唐境。

王玄策顺利完成出使任务后,开阔了眼界,也攒下了功劳。4年后,他升迁至右率府长史,再次出使天竺。不过,这一次他已经是正使了,即使团里最高级的官员。

王玄策带着副使蒋师仁,向天竺进发。这次他们的任务是文化交流,任务并不难,到天竺走一圈,面见几位国王,盖个章,就能回去复命了。

到达摩揭陀王国后,几人受到了最高等级的接待。附近的几个小国家听说东方的大唐派人来参观了,都赶紧将自己国家的宝贝送过去,希望大唐使团能够带回大唐,以示进贡。

没想到,摩揭陀王国这时候出了乱子。曾经接待过玄奘的戒日王去世了,不幸的是他没有儿子继承王位,这使得各方势力有了谋权篡位的机会,纷纷发动政变。其中,大臣阿罗那顺发动军队,袭击了王玄策的外交队伍。王玄策的使团队伍仅仅30人,寡不敌众,全部被活捉。当地几个小国家送给唐朝的礼物也被扣押。

幸好戒日王的妹妹拉迦室利公主买通了守卫,把王玄策等人放了出来。当然,条件是请他们替戒日王报仇。

要是换作普通人,可能会立刻逃出天竺,返回大唐搬救兵,然后带着几万人马回来报仇雪恨。但王玄策打算当机立断,当场报仇，不必等到以后了。

王玄策跑到吐蕃，发布檄文召集当地军队。当时，松赞干布已经娶了文成公主，与大唐交好，同意出兵帮助王玄策。另外，泥婆罗，也就是今天的尼泊尔地区，他们的尺尊公主也嫁给了松赞干布，和吐蕃算是亲戚关系，同样可以出兵援助。

就这样，王玄策通过外交手段借来了两支军队，杀回了天竺。

这也能够从侧面反映出大唐盛世的风范——盟友众多，而且都愿意为大唐效力。

古天竺的军队中有一种象军，战斗力非常强，一般的马匹、骑兵根本不是他们的对手。阿罗那顺凭借象军暂时击退了王玄策队伍的冲锋。

没想到，不知道从哪里冒出来五百多头牛。这些牛身上着了火，疯狂向象军冲来。大象虽然勇猛，但是怕火，一看到火牛，立刻受惊奔跑，冲向了自己的阵营。原来，王玄策早就知道象军的威力，所以提前做了准备。他在泥婆罗借来的不仅仅是七千士兵，还有五百多头牛。他摆下了"火牛阵"，这是由战国时期齐国的大将田单开创的高级战术，天竺人闻所未闻，自然无法应对。

结果，大部分敌军都被大象踩死了，王玄策大获全胜，一举攻破了敌军都城。阿罗那顺跑到东天竺搬救兵，双方又打了一场恶仗。这一次，作为副使的蒋师仁活捉了阿罗那顺，但阿罗那顺的妻子还在负隅顽抗。王玄策让蒋师仁率军袭击，击溃了敌人最后的防线，带回来一万多俘虏、几万头牛羊。

战事似乎已经告一段落，但是在王玄策心里，这件事还没完。东天竺为什么愿意出兵帮助阿罗那顺，是不是也有和大唐对抗的意图？

东天竺国君尸鸠摩得知战败，吓得赶紧把几万头牛马送给王玄策，表示臣服。周围的几个小国也纷纷效仿。

王玄策兴致满满地回到大唐，希望得到唐太宗的嘉奖。可是，他的战绩不仅没有引起唐太宗的重视，而且朝廷上下对这场大胜利似乎都没有什么兴趣。

因为天竺距离大唐太远，大唐不可能派兵永远驻扎在天竺。与其防御天竺，不如防御邻近的国家来得实在。这一次吐蕃和泥婆罗借着战争，趁机捞了一把战争财。这简直就是扶持未来的敌人，实在是得不偿失。

所以，史书上对于王玄策这个人的记载可以说简略到几乎没有。但不得不说，王玄策在天竺打的几场仗赢得非常漂亮。大唐没有出一兵一卒，仅靠着信誉和威严，就让远在千里之外的两个盟友替自己打仗，也算是外交上的胜利吧。

王玄策回到大唐的时候，还带回来一个天竺的方士。这个人说自己活了两百多年，还懂得长生术。唐太宗病重的时候，却因吃了这方士炼出来的丹药，没过多久就去世了。因此，王玄策的影响不仅在疆域以外，也包括宫廷之内。

剖心明志的大唐胡人

唐高宗李治死后,他的儿子李显即位,为唐中宗。实际上,在李显继位之前,他的母亲武则天就已经完全掌控了朝政。这下可好,母子二人成了政敌,都想把对方清除出权力中心,由自己真正掌管朝廷事务。

掌权的太后是有实力废除皇帝的。武则天为了保住自己的权力,也为了保住武家的势力,就废除了儿子李显的皇位,转而立第四子李旦为皇帝,即唐睿宗。不过,唐睿宗并没有从此过上皇帝的生活。武则天充分吸取了李显带来的教训,只要自己想继续执政,就不能够让皇帝真正出现在众臣面前,以免他号召大臣反对自己。所以,自从唐睿宗当上皇帝的那一刻起,他就被武则天软禁起来了,根本接触不到任何权力。

长年的宫廷生活让武则天尝到了掌控权势的甜头,她的家族也兴旺昌盛、如日中天,但为了将权柄永远留在自己手中,留在家族之中,她打算自己当皇帝。公元690年,武则天称帝,改国号为周,定都洛阳。国号之所以为周,是因为武则天认为武氏家族起源于周朝王室中的姬武姓氏,这也是为了打造武周政权的合法性。

武家登上皇位,李家必定会受到打压。武则天登上皇位后的第一件事情就是大力清洗李家人。只要还有一个李家人在宫廷中,自己的皇帝就当得不踏实。毕竟改了天下的姓氏,李家人聚众反抗是必然的事,著名的《讨武曌檄》就是这段时期创作的。李姓宗室的子弟不断起兵,但都遭到镇压,武则天借此大杀李家人,还有无数皇族遭到流放。

可是,武则天再威风,她也要考虑继承人的问题。自己死后到底由谁来当皇帝?还在软禁当中的儿子唐睿宗是继承人的候选之一,但武则天明确告诉他:"你虽然是我的儿子,但我留着你的性命只是因为你是前朝皇帝。杀了你,天下人肯定要造反,当然也会有损我的威信。所以你要认清现实,不要妄想从我这里夺取皇位。"

武则天的大侄子武承嗣是最有可能继位的,起码机会要比唐睿宗大。然而,武则天还在位时,武承嗣就已经等不及了。他找了几个刁民,让他们联名上书武则天,强烈要求立武承嗣当太子。与此同时,还造谣唐睿宗准备造反,好逼迫武则天杀了他,彻底断绝李姓宗室重夺皇位的希望。武则天对造反夺权的事极其敏感,特意创立了一种制度,鼓励民间告密,只要被告发谋反的人,动辄不问青红皂白就要被处死。她手下的来俊臣专门审理告发案件。这来俊臣是个出名的酷吏,手段之残忍,让无数人心惊胆战。这一回,唐睿宗也落入了来俊臣的手里。

　　唐睿宗身边有个叫安金藏的西域人,他的家乡安息国在今天的伊朗附近。后来安息国归顺唐朝,安金藏的祖先也就来到了大唐生活,在这里扎下了根,绵延后代。安金藏清楚,唐睿宗是不可能造反的,这一定是某个小人散播的谣言,自己必须为唐睿宗发声。安金藏不怕酷刑,铁了心地替唐睿宗说话。

　　来俊臣可不吃这一套,作为一名酷吏,这种事情他看得多了。所以对于安金藏激昂慷慨的诉说,来俊臣完全无动于衷。

　　安金藏没有别的办法,索性说:"你不相信我们的清白,好,我把我的心挖出来给你看看。"说着,安金藏拿出刀子,捅向了自己。

　　这一下可把所有人都吓坏了。大部分的文人志士,谈到自己的骨气,往往都是耍嘴皮子。没想到眼前这个人,竟然有胆量用刀剖开自己的胸膛。在场的几人害怕起来,赶紧把安金藏送走就医。唐睿宗造反事件的调查案,也因为这段插曲暂时告一段落。

　　武则天听说有个叫安金藏的西域人替唐睿宗辩护,也深受感动,立刻让御医给安金藏医治。安金藏也是命大,在当时的那种医疗条件下,竟然顽强地活了过来。

　　其实武则天也知道,唐睿宗造反肯定是个假消息。唐睿宗尚在软禁之中,怎么可能联系其他势力造反呢?但既然有人提告,自己就不得不做出一些反应,现在终于有个台阶下了。经过这件事情,武则天放了唐睿宗和他的家人，不再追究。

唐睿宗的儿子李隆基，就是建立开元盛世的唐玄宗。如果说唐朝是中国历史上最辉煌的一个乐章，那么开元盛世就是乐章里的最强音符。但假如没有安金藏的挺身而出，李隆基可能也就不复存在了，后来"三年一上计，万国趋河洛"的盛世局面也不会出现。

谁杀死了安禄山

安禄山是引发"安史之乱"的罪魁祸首,很多人都有一个疑问,那就是他和杨贵妃之间的关系。按理讲,一个是贵妃,一个是宠臣,两人虽然交集不少,但据说安禄山有三百多斤,这样的体型实在是太胖了,估计杨贵妃压根看不上他。

安禄山生性残暴,而且很狡猾,这和他的出身有很大关系。安禄山在突厥部落中长大,遵循弱肉强食的潜规则。为了能够顺利存活,并且活得舒适,安禄山必须变得狡猾。这种性格虽然不受常人待见,但对于一名头长反骨的叛逆分子来说,却是可遇不可求。参军之后的安禄山,凭借着自己的力量优势,建立累累战功。之后又倚靠狡诈、圆滑的性格,一路高升,最后当上了御史中丞。

得到职位的安禄山知道,自己想要在这个官位上走得顺利,走得长久,就必须和皇帝搞好关系。而想要让皇帝开心,就必须投其所好。唐玄宗喜欢杨贵妃,对她是百依百顺。所以,让杨贵妃开心,也就是让唐玄宗开心。

为了这事,安禄山甚至认杨贵妃为干娘。要知道,安禄山已经是个四十多岁的小老头了,而杨贵妃仅仅二十多岁。一个四十多岁的老男人认一个二十多岁的女子做干娘,实在是太荒唐了。

不仅如此,安禄山还躺在地上,假装自己是襁褓中的婴儿。这荒唐的样子让杨贵妃笑得前仰后合。杨贵妃一笑,唐玄宗也跟着一起开心,还特意允许安禄山以杨贵妃干儿子的身份进出宫闱。

安禄山和杨贵妃的绯闻也就是从这里传出来的。我们不知道杨贵妃是否会喜欢安禄山这样的大胖子,但是安禄山讨好杨贵妃的本事的确让人佩服。

经过此事,安禄山尝到了甜头。他知道,自己只要让杨贵妃开心,就能让唐玄宗开心。唐玄宗一开心,他便官运亨通,权势通天。

靠着讨好杨贵妃的本事,安禄山的官职越来越高,权力越来越大,野心也就跟着一起疯狂膨胀。在很长一段时间里,安禄山利用手中的权力招兵买马,扩张势力。公元755年,安禄山再也不藏着掖着,直接和唐朝翻脸,这就是历史上的"安史之乱"。唐玄宗没想到,以滑稽荒唐供人取乐的安禄山,竟然有如此野心,而且他还真有能力。安禄山的军队无往不利,肆意侵略,就连皇帝也得躲避锋芒,被迫离开都城,跑到四川避难。在半路上,杨贵妃就被赐死了。简单来说,就是保护皇帝的卫兵们认为大唐的内乱都是因为杨贵妃这个红颜祸水,如果没有杨贵妃,安禄山就不会攫取权力,也就不会有现在的安史之乱。这群卫兵甚至威胁皇帝,只要杨贵妃不死，我们就不再保护你了。唐玄宗没办法，只能赐死杨贵妃。这就是马嵬驿之变。

造反事业有成的安禄山，生活条件也上来了。吃得好了，身体也自然更胖了。据说，安禄山的体重高达330斤。《旧唐书》记载：「禄山肚大，每著衣带，三四人助之。两人抬起肚，猪儿以头戴之，始取裙裤带及系腰带。」安禄山的肚子大到需要在三四个人的帮助下穿裤子，系腰带。其中两个人替他抬起肚子上的肉都不行，还得有一个叫作李猪儿的人，用头顶着安禄山的肚子，才能顺利完成这个动作。李猪儿从小就跟着安禄山混，长大后他也就成了安禄山的贴身侍卫。按理说，就算安禄山不对李猪儿视如己出，也该重视、重用。没想到妻妾成群的安禄山却整天担心李猪儿和自己的妻妾偷情，索性阉了李猪儿。古代的医疗条件落后，安禄山亲自下手，刀口开得太大，流血太多，导致李猪儿失血过多，差一点死了。

李猪儿就算内心再怎么感激安禄山，也无法忍受这样的侮辱，他隐忍不发，只是为了等待一个报仇的机会。

因为肥胖，安禄山也得了很多并发症，后背长了脓疮。由于这些并发症，安禄山的脾气变得越来越暴躁，心情不好就拿手下人撒气，时不时还要大醉一场，变得喜怒无常，这让他手下的人非常害怕。有一次和属下开会时安禄山实在疼痛难忍，不得不提前终止会议。自己就要得到天下了，却要忍受这种痛苦，这让安禄山非常急躁，性格也越来越坏。这一次也不例外，他把手下的大臣严庄暴打一顿。

严庄以前可没遭受过这样的皮肉之苦，更重要的是这让他丢了尊严，于是严庄心里产生了杀掉安禄山的念头。

此时，安禄山大老婆的儿子安庆绪找到了严庄。原来安禄山一直想立小老婆的儿子为接班人，这让安庆绪心里很不乐意，他也就顾不上什么父子之情了，只想除掉阻挡自己获取权力的障碍。

安庆绪和严庄密谋刺杀安禄山，两人听说李猪儿曾经受到安禄山虐待，内心一直存有不满，就联合李猪儿准备了一个计划。

这一天，李猪儿趁着安禄山在熟睡时，抽出匕首，对着安禄山的肚子捅了好几刀，肠子流得遍地都是。在场的侍从都傻了眼，没人想到忠心的李猪儿会突然发难，也没有一个人上前阻止，安禄山就此身亡。

没有安禄山，叛军群龙无首，很快就失去了凝聚力，开始走下坡路。公元763年，安史之乱结束。

李猪儿只是一个不起眼的侍卫，他刺杀安禄山之后便下落不明，史书上再也没有他的记载了。但可以想象，没有李猪儿，安禄山可能就不会死。若是安禄山没死，那唐朝的历史恐怕就真的要改写了。

燕云十六州因谁失去

桑维翰出生于晚唐，父亲是个低级将领。他其貌不扬，身材矮小，脸长得像马面。但是桑维翰并不觉得自己有多丑，甚至自我感觉良好，还立志成为一人之下、万人之上的宰相。

正所谓"故天将降大任于是人也，必先苦其心志，劳其筋骨，饿其体肤，空乏其身，行拂乱其所为，所以动心忍性，曾益其所不能"。桑维翰虽然有信心，也有决心打拼自己的事业，但现实中的升迁之路往往不是那么好走的。

桑维翰有多不幸呢？这么说吧，桑维翰参加过科举考试，成绩不错，但因为桑维翰的"桑"与"丧"同音，考官认为他的名字不吉利，就不予录取。如果因为没有真才实学被考官拒绝，那也能够理解。可是自己明明有才华，却因名字而落榜，这实在是荒唐。

为此，桑维翰铸造了一块铁砚台，上面刻着"砚弊则改而佗仕"，表示自己一定会通过科举考试当上官。除非砚台被磨穿了，才会放弃考试。

桑维翰继续努力读书，打磨文章，不断应考，经过长久的坚持，终于遇到靠谱的考官，考取进士。后来，他在河阳节度使石敬瑭手下做了一名谋士。

石敬瑭是个有野心的人，想自己当皇帝。但是他知道，仅凭自己的力量，根本不可能推翻当时的朝廷，必须借助外力才行。

此时，北方的契丹实力雄厚，成了石敬瑭首要的联合对象。

动身之前，他先询问部下的意见。没有人敢表态，推翻朝廷、聚众起义根本就不是一件能轻易拍板决定的事。桑维翰首先站出来表示支持。

石敬瑭一看，竟然还有支持自己的人，他以为手底下都是一些贪生怕死的胆小鬼呢。于是他立刻让桑维翰给契丹主写信，桑维翰毕竟是个书生，文笔比较好。

石敬瑭对契丹表达的请求，主要有两点：第一点，把燕云十六州割让给契丹，让契丹支持自己建立后晋；第二点，请契丹和后晋结为父子之邦。什么是父子之邦？就是石敬瑭对契丹主耶律德光自称"儿皇帝"。

就在这封信送到契丹的同时，幽州节度使赵德钧也给契丹主耶律德光送去了大礼，他表示自己也想要建立一个新朝廷，需要契丹的支持。赵德钧还说，只要自己能够建立政权，肯定会和契丹结盟。

为什么同一时期有这么多人想要自立为王，难道是巧合吗？其实并不是。此时后唐已经破败不堪，国力大衰，而分散在各地的节度使手中都有兵权，于是他们就开始打起了皇位的主意。现在，不管是哪一个势力，只要得到了契丹的支持，就能够在最短的时间内推翻朝廷。所以，多位节度使都致信契丹主，希望契丹能够支持自己。

石敬瑭得知了消息，没想到其他节度使的想法和自己一样。现在有了赵德钧和自己竞争，与契丹联合的结果就没有定数了。他觉得，以眼前的形式来看，书信已无法表达他的想法与诚意，而且书信来往的效率实在是太低了，他需要派人与契丹主面谈。于是，石敬瑭选中了桑维翰，让他立刻出发去契丹的地界，想尽一切办法说服契丹主耶律德光支持自己。

桑维翰来到契丹后，眼泪就没断过，他声泪俱下地劝说耶律德光拒绝与赵德钧结盟，最终打动了契丹主，契丹主不仅同意支持石敬瑭，还借兵给他。

有了契丹的帮助，石敬瑭如虎添翼。他带着自己的人马，再加上从契丹主那里借来的士兵，一举推翻了朝廷，成功建立后晋。桑维翰也就顺理成章成了大功臣，身兼宰相、枢密院、翰林学士三大要职，权倾朝野。桑维翰出身不高，也没见过大世面，现在他终于掌握了权力，就有点得意忘形了，平日里非常高傲，与其他大臣相处不好。不过，他对于治国理政还是有一套的，为后晋提出了很多有帮助的建议。例如，一直在鄙视链最底端的商业，在后晋就得到了很大发展，而这都归功于桑维翰的建议。

好景不长，有人看不惯桑维翰，向朝廷举报他贪污受贿。此事经查为实，真凭实据面前，桑维翰无法狡辩。无奈，桑维翰只能提前告老还乡，归还乌纱帽，但好歹保留了性命。后晋给他的高官厚禄，最终烟消云散。

然而没过多久，曾经扶持过后晋的契丹人南下，一举灭亡后晋。桑维翰虽然已经没有了官职，但他曾经是后晋的高级官员，依然逃不过被俘被杀的命运。

人虽死了，他所造成的影响却延续了四百多年。因为石敬瑭要求契丹帮助自己推翻后唐，作为报答，他将燕云十六州送给了契丹。在此之前，契丹的活动范围一直都在燕云十六州以北，可以说燕云十六州一直是保卫中原腹地的屏障。如今燕云十六州到了契丹手里，他们便能轻松南下，长驱直入，中原从此不得安宁。此后，夺回燕云十六州成了后世历代君主的重要目标。后来的周世宗曾在一个月内收复三州三关，但中途因病去世，北伐之事只能先告一段落。宋太祖赵匡胤也曾拨了专项资金用来攻打契丹，最终在高梁河这个地方败给了契丹军队，那地方就在今天的北京西直门外，一千多年都过去了，现在还叫高梁河。北宋的灭亡，也和燕云十六州有很大的关系。直到明太祖朱元璋的时候才顺利收复了燕云十六州。此时，距离石敬瑭的时代已经过去了四百多年。

桑维翰肯定想不到，自己的一次出使，竟然间接影响了这么多大事。

灭亡南唐的落榜文人

南唐的末代君主李煜是著名的诗人,他的作品流传至今,许多还选入了课本教材。他的诗词中,总是传递出一种隐隐的悲哀。这种悲哀并不像在抱怨,而是发自内心的无奈,比如"问君能有几多愁?恰似一江春水向东流"。

舞文弄墨仅仅是李煜的副业,他的主业是南唐的皇帝。但从开局起,李煜面临的压力就非常大,形势对他很不利。李煜登基的时候,北方的北宋已经建立,而此时的南唐国力空虚,每年还必须向北宋缴纳大量贡奉。为了保住南唐,李煜想尽一切办法。以南唐的实力实在不足以与北宋对抗,只能保持臣服姿态,每年缴钱换取平安。所以,李煜并不是皇帝,只能算是偏安一隅的诸侯、南唐小国的国君。

然而,金钱贿赂不足以打消北宋灭亡南唐的计划,李煜不敢掉以轻心,在南唐修筑大量防御性城池,加固城墙,囤积粮草。如果北宋突然袭击,希望以此抵御宋军的第一波进攻。好在还有长江天堑,为南唐多提供了一层保障。

卷三 唐宋时代 平凡人见证的盛世与乱世

可惜的是，长江天堑后来也被北宋攻破了，这与一个名叫樊若水的小人物有着直接关系。

樊若水是南唐池州人，祖上出过几个当官的，因此算是个官宦世家之后。由于自恃出身良好，樊若水自幼聪明好学，恃才傲物，总想着能够走上高峰，登上政治舞台。

但他多次参与科举考试都没有上榜。就像今天的一些人，平时肯下功夫，学习好，但是过于骄傲，不认真对待，结果考试成绩总是不佳。樊若水考了很多次还是不中，索性就放弃了科举，寻找其他路子。他直接向朝廷上书，对南唐的国策提出了自己的建议，最后还附上了自己写的几首诗作。然而，他抄袭了古人的文句，例如王维的"大漠孤烟直，长河落日圆"，被他改写成了"大漠孤烟落日圆"。

在那个年代，如果是个没读过书的普通人，还有可能会夸赞这句诗写得好。但是李煜何许人也？他在政治上可能无所建树，但诗词歌赋方面可是信手拈来。李煜读到了这句诗，心里暗骂：你这不是在糊弄我吗？敢这样轻视皇帝，能提什么好建议？他就这样把樊若水的上书丢到一边。

这件事情传出去后，樊若水成了京城人的笑谈，所有人都看不起他，这简直是奇耻大辱。在南唐这片土地上，他根本得不到信任，也没有人会同情他的遭遇。既然无人欣赏，不如转换阵营。在愤恨的驱使下，樊若水打算投靠北宋，转过头来灭了南唐。不过话说回来，自己在南唐都没有得到重视，到了实力更为雄厚的北宋，会得到重视吗？谁会看得起一个落榜书生呢？

樊若水虽然是个书生，写的文章不怎么样，还喜欢抄袭，但他的脑筋不笨，真有些战略眼光。他分析现在的局势，北宋征服了五代十国的其他政权，唯独还留着南唐，并不是不想攻打，只是因为宋军实在跨不过长江这道天然屏障。毕竟，北宋军队里都是北方人，水性不好，不可能在长江上和南唐打水战。如何能让北宋军队安然渡过长江，在陆地上进行战斗，这就是北宋君主最烦恼的问题了。

一个大胆的念头在樊若水心中萌生。北宋军队想要跨过长江，必须搭建一条足够长的浮桥。这个方法，前无古人后无来者。因为长江风高浪急，普通的浮桥必然被水流冲断，以当时的生产力而言，这个问题实在难以攻克。

不过，樊若水在长江沿岸考察了一番，发现了一个叫作采石矶的地方。采石矶又叫牛渚矶，与岳阳城陵矶、南京燕子矶并称"长江三矶"。所谓矶，就是水边突出的岩石或者石滩。因为这些石矶地势险要，突兀江中，绝壁凌空，扼守大江水道要冲，历来是兵家必争之地。

在采石矶附近，长江的流向变成了南北走向，这个地方的江面要比下游江面窄很多，方便架设浮桥。而且，宋军只要在采石矶驻守，就能直接威胁到南唐的都城。

选好地点后，接下来就是具体实施的环节了。

采石矶附近有一座千年古刹——广济寺，樊若水装成和尚混了进去。这个和尚不念经、不化缘，经常到长江边上溜达，一来二去，就和长江边上的士兵混熟了，于是他还能时不时坐着小船，到江中钓鱼，实际上他是吊着石头测量长江各处的深度。

有了数据，就可以动工了。他向寺庙捐了一笔钱，假意要在采石矶附近建造佛塔，美其名曰为了保佑过往船只的安全。寺庙住持当然全力支持，带着一大帮和尚一起修建佛塔。樊若水此举，是为了将佛塔作为浮桥的固定柱。

做好了一切准备，樊若水抛去伪装，开始行动。他大半夜不辞而别，逃到了北宋都城汴梁，献上"江南可取，请造浮梁以济师"的平南之策，附上他亲手绘制的《横江图说》。读书人就是不一样，连间谍材料的名字都起得如此高雅。

赵匡胤听说了，立刻接见樊若水。

樊若水在南唐没有得到的功名利禄，北宋都给了他。赵匡胤先让樊若水参加科举考试，随后让他担任军事推官。樊若水一直以来的梦想得以实现，自然是更加竭力地为北宋献计效劳。他带领宋军攻下了沿江的几个城镇，包括池州、芜湖等，最终在长江枯水的季节，指挥宋军建造了浮桥，"三日而成，不差寸尺"[①]。

[①] 冯梦龙.智囊全集[M].桂林：漓江出版社，2018：361.

渡过了长江，北宋军队便可以大展拳脚，而南唐军队不堪一击。宋军一路打到江宁府，几个月后，李煜投降，南唐也正式灭亡。

就这样，樊若水用国家的命运，换来了自己的光明前途。十多年后，樊若水也走到了他生命的终点。这一年王小波、李顺起义，迅速攻占了几个大城市。北宋的军队没有抵抗的决心，四散而逃。五十多岁的樊若水作为西川转运使，不但没有组织像样的平叛行动，反而在逃跑上非常卖力。

此时执政的宋太宗得知这个南唐叛徒竟然逃跑了，气不打一处来，立即给他发去了警告。没想到樊若水如此敏感，以为宋太宗要杀了他，便因为受不了惊吓，暴毙而死。

或许正是因为樊若水背叛了自己的国家，即便北宋给了他官职和金钱，他也是名不正言不顺的"贰臣"。所以，北宋自然也不会看重他，他既然背叛过南唐，就有可能背叛北宋。

改变辽国命运的厨子

春秋战国时期，刺客的事迹很多，许多刺客都是冒充成侍从、仆人、使者去接近刺杀对象的，因为他们是贵族们日常见惯了的服务人员，权贵们不会对其有防备之心。那么，如果这些服务人员一时冲动，突然发起刺杀行动，能否成功杀掉一国之君呢？有一位辽国的厨子就做过这样的事。

那个被刺杀的皇帝就是辽穆宗。

辽国的开国皇帝——辽太祖耶律阿保机去世之后，其次子耶律德光继承皇位，为辽太宗。原本应该继位的太子耶律倍逃到了后唐，后来被人害死。不过，耶律倍的长子耶律阮没有跟随父亲逃亡，还留在辽国。耶律德光虽然痛恨哥哥耶律倍，但对侄子耶律阮还是很照顾的。

辽国曾经帮助后晋建国，没过几年，又亲自灭了后晋。耶律德光领兵出征，耶律阮也跟着叔叔一起上了战场。辽国打了胜仗，在班师回朝的时候，耶律德光却突然在半路上暴毙而亡。一国之君死在了征战途中，这对辽国朝堂来说是个突发情况，尤其是事先没有定下继承人,这就给耶律阮创造了一个机会。

如果耶律德光死在辽国的国境内,那么耶律阮是不可能继承皇位的,可耶律德光偏偏死在了远征路上,他手下的众多将领迅速推举耶律阮登基,即辽世宗。这样的一位半路皇帝,自然得不到辽国贵族的认可。耶律阮刚回到辽国,就受到了其他贵族的讨伐。耶律察割找机会杀了耶律阮,想自己当皇帝;随后耶律德光的长子耶律璟,利用自己手中的权力平定了内乱,最终成为新皇帝,即辽穆宗。

虽然辽穆宗在政治斗争中取得了胜利,而且是耶律德光的后代,也算名正言顺,但他并不是个有能力的皇帝。上台之后,辽穆宗也稍微做了一些工作,那就是通过杀人的手段来巩固自己的皇权。将反对自己的党羽杀得差不多之后,辽国内部的政局趋于稳定,这位养尊处优的公子哥就心安理得地过上了穷奢极欲的生活。

他有两大爱好:喝酒、打猎。这很符合辽国人的性格,辽国地区天气寒冷,喝酒能够御寒,而境内广阔的森林更是为打猎提供了天然林场。

可是,辽穆宗玩起来那可真是没完没了。白天喝大酒,喝醉了就睡觉,一睡就是一天,因此得了个称号"睡王"。烂醉如泥的时候还好,起码安静一点,但如果只是醉酒,没有昏睡过去,他就会借着酒劲大耍酒疯。有一次,他在醉后大大封赏了一百多人,很多毫无才能的仆从、随侍因此得到了很高的官职。朝中百官对此是哭笑不得，直呼儿戏。不仅如此，辽穆宗醉后也会杀人。一个大权在握又意识不清的皇帝是非常危险的，很多人没有犯任何过错，却被无辜枉害。

至于打猎，辽穆宗比谁都了解秋捺钵之地——今天的翁牛特旗松树山自然保护区，他无所不至，山林各处都留下了他的足迹。

这样的一位皇帝，自然也不会得到全国人民的认可，而且辽国是个少数民族政权，由多个部落组成，历来就有各部落首领轮流担任国君的习俗。此时，其他部落的首领早就开始计划谋权篡位了，谁下手快，谁就能得到皇位。而且此时的辽国朝廷早已被辽穆宗搞得混乱不堪，没有过去那么强的政治能力和战斗能力了。

辽穆宗喜欢玩乐，荒废朝政，但不代表他愿意放弃手中的权柄。为了打击异己，辽穆宗一方面大力提拔自己的亲信，壮大势力；另一方面，加大对朝廷舆论的控制，同时以残忍的手段打压其他部落的大臣，很多大臣就因为在公共场合议论朝政而被杀害。在辽穆宗看来，此举能够防止其他人冒出谋权篡位的念头。不仅对大臣如此，辽穆宗对身边的人同样残暴。宫中有个侍卫叫作小六，一次，辽穆宗喝多了之后，无意中听到小六说了几句"不当言论"，竟当场杀死了他。醉生梦死，不理朝政，还杀人成性，辽穆宗俨然成了一个疯子。

辽穆宗对内残暴，对外却采取缓和的策略，甚至有些软弱。后周多次攻打燕云十六州，占据了很多土地。要知道，这燕云十六州是辽国出兵出力才从石敬瑭那里换来的，现在却被人侵占，怎能忍让？辽国的大臣们都认为应该出兵给后周一个教训，收回被占据的土地。结果，辽穆宗喝了点酒，说道："咱们辽国主要靠养牛养羊，有草地就足够了，要么多土地干什么？他后周不是要土地吗？那他尽管拿去好了。"就这个态度，实在是让手底下主张开战的大臣没有办法。

各种因素加在一起，注定了辽穆宗不会有好下场。几代祖先用生命换来的家业，已经被这个败家子败得差不多了。

这天，辽穆宗一时高兴，又去打猎。没过多久，他就打到了一只黑熊。获得这么大的战利品，辽穆宗很开心，立刻下令让厨子烹饪熊掌，准备就着熊掌喝点酒。可是，这时候已经是半夜了，生火煮饭是需要时间的，况且熊掌并不容易烹饪，总不能把半生不熟的熊掌端给皇帝吧？

喝了酒的辽穆宗等不及了，他大骂厨子动作慢，耽误了自己喝酒，还扬言要杀掉厨子。厨子被吓得不轻，赶紧把炉膛里的火开到了最大，但这也没法立刻煮熟熊掌。鉴于辽穆宗过往的行为，既然他开口说要杀死厨子，那厨子认为无论是出自真心还是酒意，自己都难逃一死，内心害怕到了极点。

冷静下来后，厨子心想，反正横竖都是死，既然已难逃一死，不如同归于尽。这天晚上，抱着必死决心的厨师联合了几个同样打算反抗的伙计，拿着厨房里的大菜刀，悄悄靠近睡梦中的辽穆宗，对着他脖子就是一刀。要不说术业有专攻呢，厨子的刀工就是精湛，只一刀，就让辽穆宗身首异处。这群人刺杀皇帝，不为权力、不为金钱，只是出于死亡威胁的恐惧中迸发的愤怒与反抗。杀死皇帝之后，他们也没有逃跑，因为他们知道不可能脱罪，便集体选择了自杀。

辽穆宗注定不会有好下场，但是谁都没想到，一国之君最后竟然死在了一个厨子手上。辽穆宗死后，辽景宗即位，他带领辽国重新走上巅峰。从这个角度来说，这个厨子算是为辽国立了大功。

北宋巡逻队队长终结辽国不败神话

尹继伦是北宋的一个基层军官,他的职务大概相当于今天边防巡逻队的队长。别看尹继伦已经到了不惑之年,可是依然还战斗在一线。这个一线是真正意义上的前线,也就是充满危险的国境线,因为北方的辽国人随时都有可能南下,带来血腥的战争。

对尹继伦来说,升官基本上是断念了,能够在军旅生涯中安全地活下来就很不错,哪还有别的想头?即便如此,尹继伦并没有尸位素餐,消极怠工地混到退役,而是依然勤奋努力,一丝不苟,每天兢兢业业地带队巡逻,做好本职工作。

当时,北宋北部发生了饥荒,严重影响了国家的战略。如果是小范围受灾,老百姓没有饭吃,朝廷还有能力开仓放粮,救济当地居民。可一旦灾荒是大面积、大范围的,不仅当年粮食绝收,受灾的老百姓饿得没有力气种地,到了第二年也没法上交粮食给国家。国家没有粮食储备,就无法供应边防军的粮饷,军队也无法保有战斗力。

饭都没得吃,那凭什么还要给朝廷打仗?三天不吃饭,队伍就得散。饥荒带来的一系列问题深深困扰着北宋政权，朝廷必须在最短时间内找到解决办法，不然北方的辽国人就会趁这机会打过来。

实际上，辽国人安插在边境的间谍早就发现了北宋无粮的困境，立刻将此情报上报给辽国高层。辽国人一看，这可是千载难逢的好机会，马上派军队出发趁火打劫。

为防止辽人南侵，北宋第一时间调集过去储备的军用物资和粮食，让大将军李继隆护送一千多辆粮车到边境。此时辽国还没有采取军事行动，眼看大批物资运往边境，眼红不已，发誓必须要把这批物资抢到手。

于是，号称"宋军毁灭者"的耶律休哥带领辽国军队出发了。耶律休哥之所以被称为"宋军毁灭者"，是因为他曾多次和宋军交手，战绩辉煌，甚至得到了辽国人的最高荣誉称号——于越。这个称号有多难得呢？这么说吧，辽国两百多年的历史中，只有十个人获得过。宋朝的小孩子要是不听话，家长说一句"于越至矣"，小孩子便会立刻停止哭泣，浑身颤抖，生怕于越过来"教育"自己。所以说耶律休哥"宋军毁灭者"这个称号，实在是名不虚传。

耶律休哥带着辽国人马跨过了宋辽的国土边界，刚进入宋朝的土地，他就遇到了尹继伦的巡逻队。尹继伦放眼望去，辽国军队足足有几万人，而且骑兵占了大多数，自己只有千余人，大部分是步兵。这要是打起来，自己这方肯定是不占优势的。恐怕用不了一袋烟的工夫，尹继伦的兄弟们就会被对方击败。即使如此，这场战斗还是必须要打，因为这是为后方赢得时间的唯一方法。

尹继伦早就做好了为国捐躯的准备，他与手下的几千人攥紧了刀剑，准备随时迎战。谁知辽国人压根没理他们，骑着马从他们眼前飞奔而过。

想来也对，耶律休哥的目标是李继隆的粮草，而不是宋朝边防军。再说了，这种占据压倒性优势的战斗，即便打赢了也没有什么值得炫耀的。

然而尹继伦作为巡逻队队长，抱着和辽国人决一死战的豪情壮志，结果辽人对他视而不见，这比战败还让他气愤。为了一雪耻辱，尹继伦把手下聚集在一起，分析形势。他说辽国人实在是太猖狂了，完全不把我们边防军放在眼里，而且这群辽人的目标是我们的粮草。如果让他们得手，咱们大宋的边防军就会没有粮食补给，那个时候辽人长驱直入，威胁整个大宋，咱们一样会死于战火，横竖都是一死，不如此时为国捐躯来得壮烈。也不管什么敌我悬殊了，我们就跟上这伙辽国骑兵，找机会跟他们打一仗。

兄弟们听了尹继伦的分析，觉得很有道理，义愤填膺地准备和辽国人死战到底。但他们心里也明白，面对十几倍于己方的辽国军队，胜利的希望实在是太渺茫了。

就这样，尹继伦带着自己的手下紧紧跟着辽国人。见辽国人安营扎寨了，尹继伦等人也在附近埋伏起来。与此同时，李继隆的先头部队也发现了辽国人的军队。李继隆万分苦恼，自己的护送队伍不过一万人左右，根本不是一线部队，平时维护一下治安还行，真要是打起仗来，肯定敌不过辽国人的精兵强将。

夜幕降临，尹继伦看见辽国人的阵营里升起了炊烟，知道他们开始生火做饭了，这是发动偷袭的好时机。辽国人做梦也不会想到，一支千余人的队伍竟敢冲入他们的军营，而且正是他们吃饭的时候，辽军没有防备，一时乱了阵脚。而李继隆也得到消息，有人正在偷袭辽国人的阵营。他立刻信心大增，不管偷袭辽国人的是哪支队伍，跟着出手一定不会吃亏。李继隆立即命令军队暂时丢下粮草，全部冲向辽国人的阵营。

先是千人小队偷袭，后又有万人大军加入，接连的变化让辽国人慌乱无措，根本无法判断对方究竟有多少人，因此他们无法组织反击，只能撤退。耶律休哥也受了伤，一路疯狂逃窜。

"宋军毁灭者"的神话，就这样被一个小人物给打破了。

很久没有吃过败仗的辽国人，被这次重创彻底打怕了。三万多人的军队，跑的跑、死的死，最后回到辽国的也没剩多少了。在此之前往往都是辽国人在战场上占据优势，宋朝人被打得落花流水。这一次却风水轮流转，辽国成了战败方，从此开始转变对北宋的态度。所以说，这次战斗也为之后澶渊之盟的促成奠定了基础。

尹继伦绰号"黑面大王"，虽然他出身不高，地位也不显赫，却让辽国人真正认识到，经常吃败仗的北宋也不是只有舞文弄墨的书生，更有懂战略、英勇善战，会耍刀枪棍棒的英雄。

谁促成了澶渊之盟

公元980年到公元1004年间，北宋和辽国已经交战了二十多年。双方互有胜负，谁也不能灭亡另一方，这样下去没有结果，而且双方都打累了，也都经不起战争的巨大消耗，开始考虑和谈。

要是放在过去，辽国的祖先肯定不会答应和宋朝人和平谈判。毕竟契丹是骑在马背上的民族，靠游牧和劫掠为生，哪里富裕抢哪里，抢完了就跑，谁也拿他们没办法。之所以现在开始考虑和平谈判，是因为辽国的领土发生了巨大的变化。自从得到燕云十六州后，辽国就有了发展农业的基础，生活方式随之改变，大批辽国人开始进入定居的农耕社会，再也不用像以前那样骑着马到处跑了。

解决了吃饭问题的辽国人，开始考虑战争是否给辽国带来了实际利益。这么一算，好像打了很多年，却没从北宋那里得到多少利益，入不敷出，那还打什么仗？太不划算了。

公元997年，宋太宗去世，宋真宗即位。辽国则处于辽圣宗和萧太后执政期间，势头正猛。即便目前打仗对于辽国来说已经没有多少利益，但此时正处于宋朝权力更迭，内部不稳定的时期，还是可以从中趁机捞上一笔的。

辽圣宗和萧太后命令十万大军挥师南下,目的很简单,扰乱北宋。能打则打,打不过就削弱对手实力,实在不行,还可以利用停战谈判讹一笔赔款。

燕云十六州尚在辽国人手中,北宋没有这个屏障,仗自然就不好打。辽国军队一路高歌猛进,打到了澶州附近。如果澶州失守,北宋的汴京也会受到直接威胁。

宋真宗召集大臣,商讨对策。大臣你一言我一语,有人提议迁都江宁,靠着长江,便于防守。有人说迁都益州,靠蜀道阻挡辽国军队。总之就是一个字:跑。大家都准备回家收拾行李了,结果寇准大喊一声:"不可迁都!"

寇准的理由也很充分,现在辽国人已经打到家门口了,咱们就算逃跑,也跑不过辽国的战马和骑兵。一旦被追上,必定死路一条。唯一的出路就是一个字:打。皇帝您御驾亲征,咱们一定能胜利。

可宋真宗并不认同。在他看来,只有跑才能够保住大宋皇帝不落在敌人手里。不然,大宋的前途就算完了。

寇准没有办法,只能把武官高琼找来,让他劝说皇帝。要说这带兵打仗的人说话和那些文绉绉的文官就是不一样。高琼直接表示:现在辽国人已经打到家门口了,就算我们不想打也不行。只要皇上御驾亲征,我们拼了老命也跟着您干,但是丑话说在前头,您

149

要是跑，就是弃军队于不顾，我可不敢保证手下这群士兵还能继续效忠于您。

宋真宗之前的皇帝都是从战场上练出来的，带兵打仗丝毫不在话下。但是宋真宗没上过战场，自然胆怯畏缩。可武官已经发话了，骑虎难下，他只能硬着头皮上战场。

宋真宗来到黄河边，但他就是不愿意过河。寇准虽然着急，却也不敢对皇帝发火，只能督促轿夫赶紧把皇帝抬过去。到了澶州，宋真宗也不露面，很多士兵都怀疑皇帝没有亲自来到前线，因此士气不振。

寇准心里着急，眼看辽国人就要攻城了，皇帝却闭门不出，闹得人心惶惶，他真恨不得用刀架着皇帝，把他逼到前线去。在寇准的软磨硬泡之下，宋真宗别别扭扭地走上了澶州的南城墙。士兵们一看皇帝真的来前线了，立刻士气振奋。只要士气有了保障，战胜的概率就大大地提升了。

此时，辽国统帅萧挞凛带着几个人前来侦察。为保证安全，这群人只敢在距离宋军警戒线很远的地方晃悠。可惜的是，他们不了解宋军床弩的射程和威力。这种武器有多凶猛、多强大呢？这么说吧，一两个人的力量根本没法拉动弓弦，至少需要四人以上，才能给弩箭上弦。击发时，需要用一只大铁锤，猛地敲打机簧，然后"一枪三剑箭"就会发出震耳欲聋的巨响，咆哮着撕裂空气，飞向它的目标。这就是北宋《武经总要》中记载的当时最先进的武器之一。

萧挞凛的铠甲在这支侦察队伍中与众不同,显示出他不同寻常的身份地位。澶州城上有个大头兵,原本正在寒风中瑟瑟发抖,心里暗骂着辽国人。他观察四面八方情况的时候,发现了不远处的侦察队伍,那个穿着与众不同的人十分扎眼,就好像一滴颜料滴在了白纸上。

大头兵的身边,正好有几架床弩,手起锤落,床弩瞬间猛烈地震动起来。四五张强弓同时击发,三尺五寸长的巨型利箭射向了辽国的侦察队伍。穿着打扮最特别的那个人应声倒地。或许大头兵自己也不知道到底射中了谁,他只是完成警戒敌情的任务罢了。

史书上记载,萧挞凛中箭的位置在头部。床弩的威力巨大,弩箭击中萧挞凛头部的瞬间足以令其毙命。别说是一个人了,就算是漠北草原上最强壮硕大的一匹马,也受不了这样的重击。

弩这种武器在很早的时候就已经出现了。虽然弩的装填、发射速度不如弓箭,但是精确度和威力却更高,尤其是近距离冲锋时,一轮弩箭射过去,就能够给敌人带来毁灭性的伤害。

在弩箭没有出现前,人们主要使用弓箭作为远程武器。可是弓箭的杀伤力很有限,人们想对弓箭进行改装,让弓箭变成威力更大的武器。但弓箭的结构实在是太简单了,没有办法进行改良,就算进行改良,威力也达不到预期的效果。弩箭就不一样了,相较于弓箭,弩箭有更复杂的结构能够供人们设计改装。例如把弩放大,这样威力更大。或者把弩连接在一起,组合成床弩,这样一来,床弩就能够一次射出更大、更多的弩箭,杀伤力也增长了不少。所以,床弩这种武器一般用于攻城。它发射出的"踏橛箭",能成排成行地钉在城墙上,攻城兵士可以像登梯子一样攀上城墙。由此可以想象,床弩的威力到底有多大。

辽国过去有好几个"战神",如耶律休哥、耶律斜轸等,但他们都已经去世了,现在只剩下萧挞凛一个大将,居然被宋军的一个大头兵给射死了,那这仗还怎么打?曾经嚣张跋扈的萧太后不得不低头,主动向宋朝表示出和谈的意思。

双方先让低级别的官员互相来往,算是开通了交流的渠道。接触几次后,逐步建立了信任,就上升到高级官员相互来往。代表辽国的官员叫王继忠。王继忠不是契丹名字,他本人也不是辽国人,而是宋人。当年,王继忠是宋朝一方的将领,和辽国交战时不幸战败,后来投降成了辽国的一员。

宋朝这边一直以为王继忠为国捐躯了,因为那场战争结束后,王继忠下落不明,好几年没有音信,世人都认为他战死沙场了。可谁都没想到,这个消失许久的人竟然投敌了。北宋朝廷还追赠了王继忠很高的官职,直到他代表辽国人过来谈判,北宋朝廷才知道原来他没死。

按理说,现在是宋朝在战场上占了优势,应该由宋朝提条件。可是宋真宗实在是打够了,只想赶紧签个和平协议,然后各回各家。他上前线都是被人逼着来的，早就受不了了。

寇准仍然是主战派，他认为辽国人失去了大将，群龙无首，士气低落，根本抵抗不了多少时间。如果现在放弃消灭他们的机会，恐怕他们将来还会卷土重来。再说了，燕云十六州还在辽国人手里，应该赶紧趁机收回。但不论寇准怎么说，宋真宗就是听不进去，只想一心促成和谈，平息战争。宋真宗派出级别很低的外交小官曹利用去和辽国人谈判。出发前，宋真宗特意嘱咐曹利用，可以不跟辽国人索要燕云十六州，也不需向他们要钱，甚至咱们还可以给他们钱。总之一句话，人家说啥是啥，条件任凭他们开，我就想要一个和平。另外，虽然可以给辽国人钱，但也不能给太多，只要不超过一百万两岁币，咱都能同意。

这个任务其实很容易完成。宋朝本来就是胜利方，至少是名义上的胜利方，因为是萧太后先求和的。胜利者不向失败者索要赔款或疆域，反而倒贴钱款，这简直是天大的便宜，辽国人怎么可能不接受呢？

曹利用前脚刚出门，后脚寇准就追了过来，拦住他说："刚才皇帝跟你说的我都听见了，说赔款的底线是一百万两岁币。这一百万是皇帝的底线，可不是我的底线。你给我听好了，只要辽国人要的钱最终超过三十万两岁币，回来我就要了你的命。"

曹利用带着两个底线来到了敌营，参与谈判，这份和谈协议就是历史上著名的澶渊之盟。可能是寇准给他的压力太大了，也可能是辽国人心虚，愿意退让，最终宋朝给辽国的钱款还真就被他压在了三十万两岁币的界线上。

曹利用回来的时候，正巧宋真宗在吃饭，门口的小太监把他拦在了外面。国家机密也不方便直接和小太监说，于是曹利用伸出三根手指，让小太监进去通报皇上。宋真宗一看小太监伸出了三根手指，差点喷饭。我都说了底线是一百万两岁币，好家伙，这下子给我谈定了三百万两岁币？嘴都顾不上擦，宋真宗就赶紧跑去宣见曹利用核实消息，明白不是三百万两而是三十万两岁币后，他高兴得又蹦又跳。后来宋真宗还赋诗一首，庆祝自己给别人钱。

话说回来，澶渊之盟在历史上非常著名，不仅是因为宋真宗的奇葩决策，作为战胜方却每年给战败方缴纳大量赔款，称之为岁币；还因为在此之后，宋辽两国近一百年间都没有发生战争，长久的和平为两国都带来了发展的机会，尤其是造就了北宋经济与文化的盛大繁荣。而促成这一切的，正是澶州城墙上的大头兵和曹利用这两个小人物。

北宋科举因谁改变

在古代，一个平凡人想要真正名留青史，途径往往就那么几种：要么参军，有了战功之后得到官职，进而参与政治活动；要么造反，自立为王，但是风险很大，几千年来成功推翻朝廷的起义领袖一只手都数得过来，他们手下的绝大多数人只会成为史书上一个模糊的数字。还有最后一个途径：科举考试。可以说，科举考试是当时最公平的晋升途径了。

可是，偏偏有那种屡次考试，又屡次落榜的考生，比如一个名叫张元的小人物。张元是出了名的运气差，但这个屡试不第的白衣书生，最后竟然间接影响了北宋的灭亡。

北宋的经济非常发达，相对来说军事力量有些弱，这与北宋失去了黄河以北的土地有极大关系，失去了这片土地，就失去了战马的来源。而北方的契丹、西北的党项等民族政权，能利用广阔的土地来训练战马，这使得北宋在战争中处于劣势。

当然，北宋的灭亡也不只是缺少战马的缘故，还有诸如崇文抑武等其他因素，其中就包括张元的影响。

张元的原名叫张源。年轻的时候，他与吴久侠、姚嗣宗二人交好，结拜为异姓兄弟。张元是兄弟三人中最有才的一个，他写的诗句"五丁仗剑决云霓，直取银河下帝畿。战罢玉龙三百万，败鳞残甲满天飞"气势磅礴，志存高远，很难想象这出自一个落魄书生之手。从这首诗中我们可以看到书生张元的野心和目标，他绝对不是泛泛之徒。

三人一同参加科举考试，只有张元中了举人，但是最后参加殿试的时候被刷了下来。张元并不是真的没有学问，只是殿试的时候没有发挥好而已。只可惜，没有人认识到这个问题。如果北宋朝廷能够提前知道张元日后所做的事，当时可能会毫不犹豫地录取他。当然，历史没有如果。

公元1034年，正处于宋仁宗时期，张元兄弟三人再次参加科举，结果还是一样，落榜了。这一次，兄弟三人算是彻底失望了。他们已经考够了，不想再考了，科举晋升这条路对他们而言走不通，必须另辟蹊径。

前文提过，古代的快速晋升路径就那么几种。现在最快捷、最公平的科举考试行不通，只能再试试参军这条路了。当时，党项人的政权威胁到了北宋的疆土，大战一触即发。北宋在边境部署了大量军队，张元兄弟三人就想投效边防军，碰碰运气。

在张元兄弟三人心中，科举考试需要长期的学习和准备，但是参军只要出人就行，不需要带任何东西。结果到了边防军将领的面前，几人面面相觑，都说不出话来。边关将领也傻了眼，你们三个文人，就算能说会写，但手无缚鸡之力，怎么上战场？军营根本就不适合你们，赶紧回老家得了。

三兄弟又一次碰壁，灰头土脸地回到家乡，郁闷得天天喝酒消愁。当官考不上，参军也没人要，真是对不起自己寒窗苦读十几年。有时候，兄弟三人喝醉了，就在大街上耍酒疯，也做了一些违法的事情，被县令抓住问罪。县令见他们无所事事，每天喝酒，酒后还要闹事，心生厌恶，命人拖出去一顿好打。

这顿毒打，倒是把三人打醒了。他们意识到，如果继续留在北宋，可能一辈子也就这样了。既然科举、参军两条路都走不通，那就只剩下第三条路——反叛朝廷。他们决定投靠西夏。

西夏此时还没有称帝建国，暂时还是北宋的臣属。但是明眼人都能够看出来西夏的野心，此消彼长，北宋的实力变弱了，自然就得不到西夏的尊重。就以张元这事来说，一个苦读十几年，有真才实学的读书人，在北宋得不到向上晋升的机会，这样的政权如何能昌盛持久？反观西夏，正值招兵买马之际，凡是人才，都愿意接受且厚待。这也是张元等人敢冒险投靠的原因，他们赌的就是西夏的野心够大，愿意接收叛离北宋的人。否则，一旦北宋朝廷知道他们叛国，他们的家人肯定逃不过被抓捕和杀头的命运，而万一西夏为了维持君臣纲常将他们当作罪犯或间谍处理了，那真是得不偿失。但既然做出了选择，就只能硬着头皮去面对。

快到边境的时候，兄弟三人中的姚嗣宗打起了退堂鼓，他实在是受不了内心的巨大压力，就此离开。张元看前是夏州，后是北宋，自己正站在交界地带，不禁为自己的前途感到迷茫。想想自己在北宋的遭遇，真是太悲惨了，往事涌上心头，禁不住借景抒情，赋诗一首。诗的大意是：很希望自己像姜子牙一样，遇到周文王这样的明君，给他一个职位，让他能够一展拳脚，实现理想。

两个宋人来到西夏，不可能直接见到西夏的君主元昊。张元想出一招——改名。原名张源的他从此改名为张元，而另外一名兄弟吴久侠改名为吴昊，这样一来，两人的名字就犯了君主元昊的名讳。两人在一个饭馆吃完饭后，在墙上刻下了自己的名字，只要看到的人足够多，他们就有可能被西夏士兵抓走，也就有可能借此见到高级官员或者国君。方法虽然奇怪，但的确有效。果然，没过多久两人就被抓住，并且被带到了元昊的面前。张元丝毫不慌，说了一句："姓尚未理会，乃理会名耶？"意思是，你自己连姓氏都没整明白呢，还在乎我们犯了你的名讳？

这就要说一说元昊的姓名问题了。元昊自称是拓跋氏的后代，祖先在北魏时期改用汉姓，也就是从此姓元；但在唐朝时，拓跋氏曾被赐姓为李；到了北宋，西夏就成了北宋的藩属小国，又赐了一个赵姓。所以从某种程度上说，元昊姓什么都可以，都能够找到理由。反过来说，他好像姓什么都不合适。

所以张元的意思很明确，你姓什么都不由自己做主了，更不能追究我犯名讳的事。他的话戳中了元昊的心思，元昊不仅没生气，还给这两个人赐了官职。后来，张元、吴昊二人在西夏一路升官，做过国相、太师、中书令，相当于进入了西夏的中央政府，成为掌握大权的核心人物。

张元兄弟俩的家人却遭了殃。就像他们猜测的那样，朝廷知道他们叛逃后，将他们的家人全部杀光。从此，张元对北宋朝廷只剩下憎恨之情，并决心和北宋一战到底。

当下形势对北宋非常不利。西夏正在崛起，辽国的强大战力已经形成，相比之下，北宋的实力就太弱了。公元1038年，元昊称帝，国号为大夏，北宋方面不愿意承认西夏政权的独立，双方爆发了数次战争。在正式议和之前，西夏对北宋的大小战争基本上都由张元一手策划。

张元帮着元昊连打了几次胜仗，他在西夏的地位越来越高，国君元昊也对他愈发倚重。公元1042年，西夏在定川寨之战中再次大败宋军，张元认为应该继续进攻，扩大战果，但这一次元昊并没有听他的话，而是选择退兵和谈。元昊认为，如果继续打下去，西夏的实力会被削弱，不如议和，获取北宋的赔款。在这次议和中，西夏开出的条件是北宋每年要给西夏提供岁币：绢15万匹、白银7万两和茶叶3万斤。

张元因此气得生了病。他知道，如果元昊继续打下去，获得的就不仅仅是岁币，而是北宋的土地。

议和之后，北宋上下意识到事情的严重性。一个小小的落魄书生竟然能有这么大的能力，为什么当年的科举考试留不住这样的人才呢？一定是科举考试的制度出了问题。于是北宋对科举制度进行了改革，也就是"殿试无黜落"。只要能够到殿试这个阶段，就已经说明你有本事了，即便被淘汰也给个进士。这样就能够避免大量人才流失的情况再次发生，就算人才没有立刻得到重用，也很少会流落到别国。

可惜改革已经太晚了，而且独木难支。北宋面对的多方压力持续增强，自身又犯了严重的战略错误，实在无力回天，最终在1127年灭亡。

见证王安石变法的囚犯

公元1068年,王安石变法的前一年,北宋登州有一个叫阿云的小姑娘犯了重罪,本该被判处死刑。可案件的审理过程却是一波三折、影响深远,贯穿了变法全程,多方势力接连登场,使得这位可怜的民女成了这场变法之争的隐形见证者。

事情的起因是阿云的婚事。阿云很早就没了父亲,13岁时母亲也去世了,她只好寄住在叔叔家中。当时女孩子的法定结婚年龄是13岁,而阿云当时正好13岁。她的叔叔并不想在一个养女身上花费钱粮,就想给她随便找个人嫁了,自己还能赚一份彩礼。

一个姓韦的老光棍挑着几担粮食来到阿云家,用这些粮食做聘礼,向叔叔求娶阿云。叔叔没有丝毫犹豫,当即就同意了。阿云十分痛苦,13岁的青春少女,却要嫁给一个中年丑八怪,她心里是一万个不愿意。可她一个女儿家,如何与自己的叔叔对抗?如何与老光棍对抗?她实在是一点办法都没有。走法律途径?那时候告官哪有那么容易,恐怕自己还没到官府,就被叔叔给拉回来了。逃跑?一个13岁的小姑娘能跑到哪儿去,就算不饿死,也还要面临人口买卖等更大的风险。

万般无奈,加上心智尚未成熟,阿云决定杀死那个老光棍,这样自己就不用嫁人了。她深更半夜提着刀,溜进老光棍的家中,对着熟睡的他一顿乱砍。阿云毕竟还只是个孩子,力气太小,只砍掉了人家一根手指头。老光棍被疼醒了,阿云吓得立刻扔下刀就跑回了家。

第二天,老光棍报了案。案情简单明了,阿云很快就被官兵抓走,她在大堂之上供认不讳,因为本来也没有什么可以隐瞒的。

由于老光棍已经提过亲,而且阿云的叔叔也表示过同意,所以阿云的做法就等同于谋杀丈夫,按当时的法律是要被判处死刑的。死刑需要大理寺(也就是最高法院)的批准才能实行,所以这起案件就层层上报,由知县递交给知府,相当于由县里提交到了市里。

当时的知府名叫许遵,他看了阿云案件的详情,不禁为她的命运感到悲哀,怜悯之情油然而生。他想要帮助阿云,于是翻遍了北宋的法律条文,终于找到了一个办法。阿云的母亲刚刚去世不久,所以阿云还处于服丧期,按照大宋的律法,服丧期内缔结的婚姻是没有法律效力的。也就是说,阿云虽然的确提刀伤人了,但定性并不是谋杀丈夫,而是对一般人的杀人未遂。另外,违反丧期不可婚配这条规定的人,需要蹲三年大牢,这样就能把姓韦的老光棍和阿云的叔叔送进牢房。

许遵上报之后,案件到了大理寺,大理寺的官员接受了他的意见,并做出了最后判决。虽然阿云的婚约无效,但她依然是杀人未遂,按照大宋律法还是应该判处死刑。

许遵铁了心要为这个素不相识的小姑娘辩护,他再次翻阅大宋律法,找到了新的辩解理由。阿云被抓之后态度很好,相当于自首,这样的人应该减轻刑罚。碰巧,同年大宋法律更新了这一条法规,意思大概是杀人未遂的人如果有自首情节,可以不判处死刑,只判处坐牢。

这条法规是皇帝亲自颁发的。因为北宋法律的很多条款都是仿照前朝来编写的,所以并不完全符合北宋的社会情况。有了新问题后,皇帝就会视情况添加新的法律条文,也就是颁布"敕",作为法律补充。

由于"敕"是皇帝颁布的,地位要高于大宋律法,所以当"敕"和大宋律法发生冲突时,需要按照"敕"的条文判决案件。

万万没想到,大理寺官员竟然不顾皇帝的敕令,继续维持原判,给阿云判处死刑,而且还加快了案件的处理速度,将卷宗直接送到了刑部。巧合的是,许遵也在这时被调到了京城,而且正好担任大理寺卿这一职务,也就相当于现在最高法院的院长。有了大理寺卿的权力,刚上任的许遵立刻修改了阿云的判决结果。新官上任的第一件事居然是动用权力为一个民女改判,即便明知如此会招来非议。他这么做不是出于私欲,而是因为淳朴的同情心,只是这么做的代价比较大,几乎算是赌上了自己的政治前途。

果然，这件事立刻就发酵了。当时的宋朝内部分为两大派，一派是以王安石为首的新党，另外一派是以司马光为首的旧党。新党要求改革，而旧党倾向于维持现状，两派人打得不可开交。

许遵就是新党的人，他大力支持改革。然而因为阿云的案子，旧党的人找到了针对他的机会。宋朝的御史台相当于现在的纪检部门，专门检查大小官员的作风问题。当时御史台就控制在旧党的手中，他们马上通过御史台向皇帝上书，报告大理寺卿许遵枉法。

可能阿云自己也没想到，她的事能够传到皇帝的耳朵里。宋神宗仔细翻了翻案件卷宗，也没什么头绪，于是他把许遵叫来询问具体情况。许遵如实叙述案情，把他如何从法条里找出辩护理由的过程也一一说明。等他说完，宋神宗却更为难了，他也不知道该怎么办。一方面，许遵的做法确实有道理，阿云其情可悯，罪不至死，况且她也没有造成多么严重的后果。可是，作为宋朝监察部门的御史台已经将这件事搬到了台面上，自己也不能置之不理。

宋神宗又叫来了两大翰林，让他们讨论这件事情该怎么办。翰林，就是全国最顶尖的人才，真正的精英。不巧的是，这两大翰林是死对头。没错，就是王安石和司马光。

司马光就是小时候有著名砸缸事迹的那一位，长大后的他是一个才子，有真才实学，后来写成了巨著《资治通鉴》。司马光是保守派，从小到大接受的都是传统的儒家教育，善于发现问题，总结问题，解决问题，但旧有的规矩不能改变。在他看来，只要皇帝修心治国、赏罚分明,社会的问题就能得到解决。

王安石则是坚决的改革派。当年王安石写了一封万言书,提出国家之所以不富强,就是因为很多制度太陈旧,根本就不适合现在的大宋社会。想要让大宋富强,就必须改革变法。

宋神宗也有变法的想法,他打算让王安石放手去做。可司马光这一派坚决反对,与王安石就各种理论问题争论不休。

到了这个时候,阿云案子的判决结果已经不重要了,因为此案已经成了政治工具,不再关乎对错、道德。王安石支持许遵,并不是因为真的同情阿云,而是因为反对保守派。司马光大力支持御史台,认为阿云应该判处死刑,也不是为了捍卫司法公正。

他们争论的核心问题其实是王安石的变法能否继续进行。如果保守派屈服了,就是做出了让步,也就是默认了变法。而王安石如果支持御史台,也就等于承认变法失败。双方必然无法达成一致。

宋神宗是坚决支持变法的,所以也一心支持大理寺。旧党人士也不愿善罢甘休,自然是继续追究,继续上奏。最后,一个小民女的案子闹得满城风雨,几乎所有部门都参与进来了,包括掌管军事的枢密院。

面对乱成一锅粥的朝廷,宋神宗只想迅速了断这件事。他表示自己作为皇帝,有赦免罪犯的权力,现在就以皇帝特赦的形式,免去阿云的死刑,改判37年有期徒刑。

可能有人会说,37年的有期徒刑也很严重。但相比于死刑来说，这已经很不错了，更何况阿云的命运已不重要，重要的是最终的判处结果，这决定了两个派别的胜负。

王安石的新党胜利了。阿云的死刑被免除，改判有期徒刑，但不久后宋神宗宣布大赦天下，阿云得以提前出狱。

后来，王安石大力推行变法，新法开始在各地施行。然而好景不长，变法之后，河南、河北遭遇大旱。当地的一名小官员画了一幅《流民图》上呈朝廷，画中百姓流离失所的惨状让人动容。宋神宗看了也很惊讶，他没想到新法并没有庇护受灾的百姓，反而加重了他们遭遇的悲剧。就连太后都哭着说："安石乱天下。"

可是旱灾和王安石的变法又有什么关系呢？王安石变的是俗人之法，而旱灾却是上天之灾。这就是想着法子把罪名扣在王安石身上。谁让你主张变法呢？现在倒好，老天爷发怒了，让天下百姓都吃不上饭。更气人的是，画《流民图》的官员说："只要皇帝废了新法，如果上天还不下雨，那就把我斩了。"

没办法，宋神宗面对这样的情况也只能同意废去新法。讽刺的是，三天之后，真的天降大雨。历史，有时候就是这么戏剧化。

王安石的变法到此就算是告一段落了。没办法，不是他不努力，而是天公不作美。王安石连续被罢免两次，儿子也在斗争中死亡了。反观司马光，他写完《资治通鉴》后就被召回宫里，担任宰相，他做的第一件事就是把王安石时期的新法全部废除。

阿云姑娘的命运，再一次被改写。她被司马光下令逮捕，最后枭首示众。

可能在司马光的心里，阿云依然存活就是王安石变法的影响一直存在，但他要这个影响被彻底消除。因此，阿云的死为新法画上了失败的句号。

安葬岳飞的小狱卒

公元1140年，岳飞率领岳家军打败了金军主力。这对孱弱的南宋来说，是一个难得的胜利。多年来，宋朝在与金国的战争中基本上是一败涂地。这次岳飞打了胜仗，鼓舞了朝廷上下，也坚定了宋人的反抗决心。

岳飞率领人马打到了朱仙镇，这里距离开封不过四五十里。此时的金军已经没有能力大举进攻南宋了，金国大将金兀术准备和南宋签订和平条约，但有条件，那就是"必杀岳飞，而后和可成"，意思就是说，你得先杀了岳飞，然后我再和你们签署和平条约。只要岳飞还在，我们金国就会继续和你们打下去。

此时许多南宋官员认为，胜利已经近在咫尺，只要皇帝大手一挥，就能直捣黄龙，收复失去的领土。然而皇帝和另外一些官员却只想与金国议和，只要能平息战争，无论付出多少代价都可以。他们考虑的问题是如何处置在外打仗的将军们。万一那些将军拒绝停战，利用手中的兵权造反，那么朝廷该如何应对？因此，南宋政府一方面商议和谈，一方面召回所有在外打仗的将军，这其中就有岳飞。

岳飞是个优秀的将领，心中只有彻底击溃金军这一个目标。但他的政治嗅觉不够敏感，他根本没有想到，在接近胜利的时候，会接到朝廷撤军的命令。这对于一位带兵打仗的将军来说是万分痛苦的。宋军死了多少人，费了多大周折，才赢得这场胜利，关键时刻却要求撤军，如果换成旁人，没准就带着军队造反了。但岳飞忠贞不贰，不可能反抗朝廷，无奈之下，岳飞只能撤军。同时，听令撤军的将军还有曾经围堵金兀术一个多月的韩世忠。

两人回到临安后，手中的兵权立刻就被收走，南宋朝廷给他们安排了枢密院的新职务。没过多久，先是韩世忠遭到陷害，紧接着岳飞也被安上了谋反的罪名，扔进了大理寺的监狱。

与此同时，南宋和金国的和平条约《绍兴和议》也签署完毕。这份和平条约上面写着，南宋要向金国称臣，而且还要割地赔款。这根本就不是和平条约，而是金国继续打压南宋朝廷的政治手段。可是一心避战的南宋朝廷已经管不了那么多了，不论付出多少钱和土地都心甘情愿。

公元1142年1月27日，正是除夕之夜，岳飞在大理寺的监狱中惨遭杀害。

岳飞之死，天下共知其清白，而无人能救，堪称千古奇冤。常年在血雨腥风的战场上搏杀的岳飞，是个铮铮铁骨的硬汉，他在死前曾面对诸多酷刑，却始终不肯低下头颅。在他的供词上，只有八字绝笔："天日昭昭！天日昭昭！"

那些人害死岳飞后，把他的尸体扔在了大理寺的监狱中，随后扬长而去。没有人敢替惨死的岳飞收尸，因为人们都知道这是一场政治阴谋，谁敢出头，谁就会被视为同党，一并遭殃。因此，许多岳飞生前的好友都选择落井下石，例如姚岳。

南宋刚刚建立的时候，姚岳跑到四川避难，后来考上了进士，当了官。他与岳飞在宴会上相识，两人相谈甚欢，似多年好友相见一般。经过一番交谈，岳飞觉得姚岳是个可塑之才。两人不论是思想，还是行为都很投契，价值观更是一致。姚岳也没想到能够结识大将军岳飞，要知道，这两个人的发展路线是完全不同的，岳飞是在外领兵的将军，而姚岳则是舞文弄墨的文官。两人能够发展出一段友谊，实在是缘分的安排。

然而，姚岳显然并不重视这段友谊。岳飞入狱后，姚岳不仅没有出手相救，反而加入了诬陷岳飞的阵营，甚至还建议皇帝宋高宗将全国带"岳"字的地名都改掉。与姚岳形成鲜明对比的是一个叫作隗顺的狱卒，他人微言轻，无力与政治家交锋，却心存正义，不忍看到岳飞这样的忠臣遭到弃尸在外的侮辱。他甘愿冒着生命危险，趁夜潜入大理寺的监狱，把岳飞的遗体偷偷背了出来，带到九曲丛祠旁埋葬。与此同时，他还取走了岳飞和妻子的定情之物——一对玉连环中的一只，用来证明自己埋葬了岳飞，也为了将来能够证实岳飞的墓地所在。

岳飞之死已经掀起了轩然大波，现在岳飞的尸体失踪，又引发了更多的猜疑与议论。但没有人知道，是一个小小的狱卒做了这件极其危险，却又惊天动地的大事。

隗顺把这个秘密深深埋在了心底，就连自己的亲人都不曾透露。他知道自己的做法会带来危险，但这是正确的，他不在乎名垂青史，只想问心无愧。

时间飞逝，隗顺逐渐老了，头发变得花白，身躯开始佝偻，步履蹒跚。直到临死前，他才把此事告诉了儿子。隗顺未了的心愿只有一个：岳飞昭雪。

隗顺让儿子将这个秘密传下去，如果真有一天，岳飞的冤屈得以平反，那么隗顺的后代就会带着人们找到岳飞的坟墓，重新厚葬岳飞，让英雄得到应有的待遇。

绍兴三十二年（1162），宋孝宗即位，岳飞的案件才得以平反昭雪，岳飞身上所有的罪名都被清除。宋孝宗还重金悬赏，寻找岳飞的坟墓和遗体。直到这个时候，隗顺的儿子才敢把父亲保守了一辈子的秘密告诉朝廷，并且凭借岳飞的信物证明了自己所说的确属实。

朝廷找到岳飞的坟墓后，按照一品官员的葬礼厚葬了岳飞。坟墓的位置，也就是今天的岳飞墓所在地，杭州西湖岸边。此时，距离岳飞被杀，已经过去了整整20年。

如果当时隗顺没有背走岳飞的遗体，而是任其腐朽，或者任其被丢弃在荒郊野外，被豺狼野兽吞食，一位抗金英雄就会以尸骨无存而收场。要是隗顺地下有知，知道了岳飞平反的消息，他该会多么高兴。

隗顺只是历史长河中一个普通得不能再普通的小人物，小到没有生卒年月，史书对于他的记载，不过是一句话："岳鄂王死，狱卒隗顺负其尸，逾城葬于九曲丛祠。"幸运的是，我们知道了他的名字，让他得以被世人铭记。

隗顺没有能力带着千军万马冲杀在前线，也没有能力在朝廷中一手遮天，但是，他和英雄一样，即便力量再微弱，也坚持在黑暗的世道中发出光芒。

卷四　元明清

平凡人引发的动乱与变革

元朝的外国太监

在漫长的封建王朝统治中，戒备森严的皇宫内院需要大量的服务人员，除负责照顾后妃起居生活的宫女之外，也需要既能干力气活，又能自由出入宫禁的太监。这一群体必须承受生理上的伤害，因此通常只有贫苦的社会底层才会为了生存而不得已为之，一边忍受身体上的巨大痛苦，一边承受社会舆论的排斥和贬低。如此说来，他们真是一群苦命人。

数千年来，中国到底存在过多少太监，已经没有办法统计。在这个庞大的群体中，苦命人占绝大多数，但因为基数太大，总会有那么几个"幸运儿"得到了晋升的机会，掌握权力，然后耀武扬威、不可一世，比如赵高、童贯、魏忠贤、李莲英等。

在大家的印象中，太监是中国封建王朝独有的产物，因此所有太监应该都是中国籍。其实不然，历史上也出现过一些外国籍太监，例如朴不花，他是元朝文宗时期的人，一个来自高丽的太监。

封建时代的王朝向来都有向藩国要宦官的传统，这也算是宗主国的权利，朴不花就是这样被高丽进贡到中国皇宫中的。他被净身的时候才7岁,和他同一批进贡的仆役中还有一个叫作奇洛的宫女。这时的朴不花还不知道,这个在《元史·后妃·完者忽都皇后》中留有浓墨重彩篇章的宫女对自己的未来产生了多大的影响。

和大多数人一样,刚进宫的朴不花地位卑微,只能做一些脏活累活。繁重的工作和上级的欺凌让幼小的朴不花身心俱疲,还好来自同乡的奇洛对朴不花十分体贴。两个小朋友经常相互安慰,相互倾诉。朴不花当然也会经常照顾这个妹妹,在这冰冷的后宫中,两个人相互依靠,关系越来越亲密。

皇宫中的生活虽然劳累,但好过平民百姓生活的风吹日晒、食不果腹。没过几年,奇洛就长成面容姣好的大姑娘了。

很快,奇洛因美貌被皇子孛儿只斤·妥懽帖睦尔看中,他发现奇洛不但生得美丽,而且性格温柔,对人耐心体贴,十分讨人喜欢。从此,奇洛获得了皇子的青睐,青云直上。没过多久,孛儿只斤·妥懽帖睦尔登基称帝,成为元朝的最后一位皇帝,即元顺帝。出于对奇洛的喜爱,或许也因为她生下了元顺帝的长子孛儿只斤·爱猷识理答腊,元顺帝将她封为第二皇后,还将她的儿子立为太子。至此,奇洛一步登天,权势到达了巅峰。

母凭子贵,奇皇后在后宫中的地位更加稳固,皇帝对她宠幸有加,后宫上下也都讨好她,就连大皇后都对她十分敬重。飞黄腾达之后,奇洛并没有忘记从小陪她一起长大的朴不花。两个人的感情并没有因为身份的巨大差异而变得淡薄,相反,奇皇后以照顾小皇子为由，把好朋友朴不花调到了自己身边。

朴不花在奇皇后的兴圣宫里赢得了两位贵人的青睐，一位就是太子的母亲奇皇后，另一位是国家的最高统治者元顺帝。有这两位贵人做靠山，朴不花呼风唤雨的权贵人生从此开始。

在兴圣宫中，朴不花主要负责照顾小太子的衣食起居。因为事情办得漂亮，他时常会受到皇帝的夸奖。朴不花从小背井离乡，生活在异国波谲云诡的深宫内苑中，遭受其他太监的排挤和欺凌，早就养成了察言观色的习惯，小小年纪就有很深的城府。因为他能说会道，善于阿谀逢迎，所以一旦拥有了接触皇帝的机会，自然如鱼得水、好运不断，他很快就被皇帝封为荣禄大夫加资正院使，主要负责为皇后管理财务。

在元朝的行政机构中，资正院是负责管理财务的部门，可想而知这是一个肥差，很快朴不花就积攒了万贯家财。

他用捞到的钱去讨好奇皇后，稳固自己的地位。同时他也不忘笼络官员权贵，花钱买人脉，收了钱财的权贵们都觉得朴不花为人不错，于是到处为朴不花说好话，散播好名声。从此，朴不花的仕途越来越顺遂。

元顺帝是个不思进取的昏庸皇帝，没过几年就彻底丧失了斗志，开始沉迷于酒池肉林，不理朝政，有时候他甚至把一些国家大事交给朴不花处理，可见其对朴不花的信任。太子成年后，皇帝便把军队大权交给了太子，自己则退居二线，当一个甩手掌柜。

太子从小依赖朴不花，成年之后也没有改变，甚至还认朴不花为干爹，真可谓荒谬。而朴不花的胆子也越来越大，甚至不顾满朝文武的反对，坚持要任用自己的亲信、元末奸臣搠思监为丞相。他之所以力排众议，让搠思监当丞相，主要是因为他自己是个外国人，还是太监，没法亲自坐上丞相的位置，所以就安排了亲信，目的是让自己掌握实权。

朴不花位极人臣，只手遮天，到了忘乎所以的地步，却还不满足，他还想尽快把自己的干儿子扶上帝位，于是竟然干脆逼迫元顺帝退位让贤。

在得到朝臣的支持之前，朴不花不敢轻举妄动，他先把自己的大胆想法告诉了另一位丞相太平。太平是个很谨慎的人，他听完朴不花的游说之后，没有发表任何意见，态度让人难以捉摸。于是朴不花只好忍耐不发。

没过几年，太平丞相借口年老，告老还乡去了。这样一来，朝中就只剩下一个傀儡丞相，朴不花再也没有什么顾虑，启动了他更换皇帝的计划。

计划刚刚启动，另一股政治势力就对他激进的行为表示出十分的不满，那就是以元顺帝的舅舅老的沙为首的政治集团。老的沙是皇亲国戚，自然不怕朴不花这个外乡人，他带领许多官员与朴不花的势力抗衡。公元1363年，两股政治势力的矛盾终于无法调和，彻底爆发了冲突。老的沙一党的官员相继弹劾朴不花密谋篡权夺位，在确凿的证据面前，元顺帝也保不住朴不花，他因此被罢免官职。

奇皇后见朴不花受挫，立刻出手，利用自己的影响力对老的沙等人实行打击报复，并且成功地把老的沙封为雍王，贬到外地去了。

没了政治宿敌，朴不花在皇后和太子的帮助下官复原职，还加封了集贤大学士和崇政院使等官职。东山再起的朴不花得意忘形，打算继续实行计划，扶持太子夺取皇位。可老的沙也不是省油的灯，被贬之后，他寻求手握重兵的孛罗帖木儿帮助，获得了他的军事支持。这下朴不花开始害怕了，他担心这些人有一天会带着重兵杀回来，那他将死无葬身之地。于是，他便向元顺帝诬告老的沙谋反。元顺帝听信了朴不花的一面之词，连调查都没做，就撤了孛罗帖木儿的军职，把他发配到四川。

孛罗帖木儿当然不能接受这无端的惩罚，而且元顺帝的荒唐行为早已引起了其他蒙古宗王的不满。于是，他们纷纷出兵与孛罗帖木儿会合，孛罗帖木儿实力大增，随后带领20万大军直逼元大都，以清君侧为名，要攻打都城。

元顺帝这才慌了手脚，派人前去谈判。蒙古宗王们答应退兵，条件是元顺帝下诏宣布孛罗帖木儿无罪，并交出朴不花和搠思监。

在这种情况下，奇皇后和太子再如何偏袒朴不花也没有用，为了保住自己，元顺帝交出了朴不花和搠思监。这两个人随即被孛罗帖木儿处死。

朴不花虽然死了，但是他带给后人的影响还远未结束。就在孛罗帖木儿出兵攻打大都的时候，饱受欺压的老百姓开始趁机反抗。先是南方爆发起义，然后蔓延全国，各支起义队伍逐渐积累实力，其中就有后来明朝的开国皇帝朱元璋的队伍。元朝内部的混战还没有结束的时候，农民起义军就已经势不可挡，给了元朝统治致命一击。

政权危在旦夕，元顺帝却没有思考如何力挽狂澜，而是想着如何推卸责任。他厚颜无耻地对奇皇后和太子说："我大元的江山，就是毁在你们母子手中的。"

其实元顺帝心里清楚，元朝是因为自己荒于朝政，导致朝廷内部混乱，直至国家实力大大衰弱，变得不堪一击，才亡于起义军队之手。当然，那个来自高丽的小太监在元朝灭亡一事上，确实起到了催化剂的作用。

朴不花死后没多久，元朝的朝廷与贵族们就被朱元璋赶到了漠北草原深处，史称北元。元顺帝在那里又当了两年皇帝才去世。

假钦差闹剧

鼎盛时期的元朝，国土面积曾经横跨亚欧大陆。但是蒙古人擅长打仗，却不会治理国家。仅仅九十多年，元朝的统治就终结了。要知道，清朝的康熙皇帝在位时间就长达六十多年，可想而知，九十多年对于一个政权来说是多么短暂。不过，时间虽然不长，元朝时发生的事情却很精彩，骇人听闻的故事层出不穷，例如普通人"假冒钦差大臣"的事件。

俄国有一部由戏剧大师果戈里创作的经典讽刺喜剧小说《钦差大臣》，讲的是1836年时，一位芝麻小官冒充钦差大臣在偏远地区招摇撞骗的故事，揭露了官场的丑恶腐败。这本小说改编的话剧一经上演，就引发了巨大的社会反响。当时的沙皇尼古拉一世看完后差点气死。此后，这部戏剧被改编成数个版本，在随后的两百多年中受到了无数人的追捧。

中国还是领先了世界潮流五百多年，这个故事早在元朝统治下的河南开封就真实地上演过。艺术来源于生活，现实版的"假冒钦差大臣"比戏剧更加精彩，更加匪夷所思，更加没有逻辑道理可言。

范孟出身于河南杞县的一户贫苦人家，长大后，他靠自己的努力当上了京城御史台的小吏。尽管出身贫寒，范孟对金钱和权力的渴望却很强烈。但他的事业始终没能进步，官场黑暗，他越是努力争取，越会遭到他人的排挤和陷害，最终一路被贬回家乡，做了一个芝麻大的小官。

由于元朝的监察体制很松散，在地方做一个小官反而比京官有更多的机会捞油水。但范孟毫无背景，根本就没有机会为自己谋利，只能困在当时的位置上，忍受繁重的工作和微薄的俸禄，日子过得越来越艰难。

在这样的恶劣状况下，什么好事都轮不到他，各种脏活累活却都是他的，所谓"否极泰来"只是一句空话。以至于人到中年，空有满腔抱负，却一事无成，最后只能像《水浒传》里的宋江那样，写诗来抒发内心的惆怅："人皆谓我不办事，天下办事有几人？袖里屠龙斩蛟手，埋没青锋二十春。"一首诗道尽满肚子的牢骚。

很快，他迎来了人生转机。他以前的御史台同事被调任到河南当御史，凭借过去的交情，在好友提携之下，范孟终于得到升迁，被调到开封担任行省掾吏。这对于坐了二十多年冷板凳的范孟来说，算是意外之喜了。

可是还没高兴几天，范孟就遭到了现实无情的打击。原来这官职只是一个有名无实的空壳。更过分的是，由于元朝政府行政效率极其低下,他虽然得到了提拔,但是俸禄却没有丝毫改变,被政府白白拖欠了好几个月的工资。做官也得吃饭,为了这点银子,范孟跑断了腿,到处求爷爷告奶奶,始终也没有得到解决。他觉得一定有人私吞了自己的俸禄,才让他陷入如此困境。事情发展到这个地步,范孟再也不能忍耐,发出了"我必杀若辈"的怒吼。

他说的"若辈"仅仅是那些私吞钱财的官吏吗?并不是,他要杀的是一省之内所有曾在他头上作威作福的狗官。口气虽大,但范孟真不是说说而已,他已经在脑海中策划出了一个疯狂的计划。

光凭范孟一个人是绝对行不通的,他找到好友霍八失等4人,把自己的计划和盘托出。他说,在冬至夜那天,官员们一定会大摆筵席、胡吃海塞。这时,你们几个去行省的中堂冒充京城来的钦差,然后由我把他们骗到中堂。这时候大家一起动手,宰了这些狗官。

这么简单的计划,就想杀死一个省的首脑官员们。这能成功吗?

元朝至元五年(1339),计划如期实施。当这些高官依次就位,吃着美食,喝着美酒,好不快乐的时候,范孟急匆匆闯了进来。他表现得慌张无措,说钦差大人突然造访,请他们赶快去参见。不会有人敢在这么大的事上开玩笑,因此在场官员都深信不疑,赶快放下碗筷,跟着范孟去见钦差大人。到了地方,范孟等人拿出早就准备好的凶器,对着这些官员就是一通乱杀。慌乱之中,好多人倒在了血泊里。

后来有人统计过，上到河南行省平章月鲁不花（从一品）、河南行省左丞劫烈（正二品），下到河南行省总管撒思麻（正三品）、河南行省万户万者不花（正三品），甚至包括都事拜住（从七品），几乎所有品阶的官员都被一网打尽、一个不留。

这还没完，冒充钦差的霍八失继续他的扮演游戏，任命范孟为河南都元帅。之后，范孟就自己领头，在全省开展复仇计划。他顶着都元帅的名头四处巡查，不断斩杀违抗自己命令的地方官员，甚至私自调兵遣将，封锁了河南行省与外界的一切交流，还衣锦还乡，举行祭祖仪式，过了把土皇帝的瘾。

河南行省地处中原腹地，历来都是国家很重要的部分。这么重要的地方竟然被范孟等人轻易地据为己有，更可笑的是，得知消息的京城大官们还不知该如何应对。到底是要招抚他，还是要出兵剿灭他，官员们意见不一，拖拖拉拉地迟迟下不了决定，任凭范孟等人在河南胡作非为。

当时河南行省的省宣使冯二舍察觉这帮人似乎来路不正，一番打探之后，确认他们是假冒之徒。冯二舍当机立断，出兵将这伙人通通逮捕，干脆利落。这时朝中官员们还在相互推诿，这场并不棘手的闹剧却已经被地方自行解决了。

然而，中央朝廷的官员们对自己人下手倒是迅疾如雷。他们借着假冒钦差一事的由头，开始彻查河南行省的上下官员，不仅大兴牢狱，还借机敲诈勒索，朝中大臣们各个赚得盆满钵满，被错杀的无辜之人达数千之多。

这么一个荒唐的闹剧，竟然以更荒唐的局面结束，实在让人匪夷所思。

在当时的监察体制下，发生这样的事一点儿也不奇怪。元朝自建立以来，就受到腐败问题的困扰。到了元顺帝期间，朝野上下更是烂透了，官员尸位素餐，中饱私囊，别说为民请命的理想，连规则法律都不复存在。范孟被拖欠工资这种小事在当时的社会里司空见惯，根本无足轻重。

元朝的政治腐败到了什么程度呢？用明朝文人叶子奇的话来说，就是拜见官员要送钱，节日要送钱，诉讼也要送钱，各级官员都对百姓剥削无度。

在这样的政治环境中，当官的目的只有发财，上司是谁不重要，上司存在与否也不重要。因此，上级官员调查假钦差事件时，完全没有想过要整治政治制度，反而把这件事当作一次捞油水的好机会，这从侧面表现了元朝政治制度的腐朽。此后，元朝陷入了无休止的农民起义，也就不足为奇了。

这次的假钦差闹剧是元朝灭亡的序曲，范孟的小丑表演虽上不得台面，却也揭露了复杂的历史因果。

谁让明朝失去了辽东

万历皇帝刚登基的时候,辽东还是明军练兵的地方。在辽东战场上,明军所向披靡,实力碾压任何敌人,包括万历朝鲜战争时期,明军在东北亚地区也不曾示弱。

高淮本来是一个京城混混,看到身边的狐朋狗友都发了财,他也眼红,为了求个富贵前程,选择进宫成为一名太监。对于治国理政,高淮是一窍不通,但是奉承和溜须拍马他最拿手,就靠着这点趋炎附势的手段,他逐渐爬上了尚膳监监丞的位置。他费了这么大力气,就是为了捞钱。很快,高淮就把目标转到了矿税使这个职位上,这是万历皇帝亲政之后增设的,目的是让宫里的太监们去地方开矿收税,增加宫里的财政收入,结果被许多太监当成了捞油水的捷径。

高淮主动上奏,称辽东地区有钱,也有矿,资源很多,像这样的宝地必须尽快开采。他把辽东地区夸得天花乱坠,目的只有一个——让皇帝派自己当辽东的矿税使。

万历皇帝原本没考虑过发展辽东地区的业务,如今听这小太监一说，好像辽东的确很富庶，从前怎么完全没注意到呢？那就由你高淮去辽东采矿吧。

就这样，高淮带着万历皇帝的任务，风风光光地前往辽东地区。这一路上，高淮也没闲着，走到哪里钱财就征收到哪里。他一方面疯狂敛财，一方面把钱往万历皇帝那里送。此举就是为了让万历皇帝相信，辽东地区是真的富庶，派我高淮当矿税使是正确的选择。

然而，高淮以前是个混社会的小混混，对于开矿是一窍不通。但他有自己的一套理论，他认为，我是来收矿税的，又不是非得开矿。不管有矿没矿，收多少钱，收谁的钱，还不是我自己说了算。

高淮动用矿税使的权力，他说哪里有矿，哪里就必须交税。方法粗暴，但收益又高又快。短短两年间，高淮一共上贡白银三万多两，还有无数貂皮之类的土产，至于他自己敲诈勒索了多少银钱，虽不得而知，但也可以想见。哪怕从他数额巨大的贡品中抽取九牛一毛，也足够普通百姓生活几百年了。

面对高淮的狮子大开口，辽东当地的乡绅们自然不愿意交钱。我们祖祖辈辈在这里生活几百年了，也没听说过像你这样巧立名目收税的，这不是打劫吗？

高淮真就是打劫来的，对敢于反抗的大户，他就派人敲诈勒索，甚至诬告他们，抓人下狱。总之，不管用什么方式，这钱他一定要弄到手。士绅们求告无门，只好妥协，与其让自己或家人遭受牢狱之灾，还不如顺从地给钱了事。

就这样，整个辽东的经济基础被高淮挖空。当然，远在皇宫的皇帝并不知道辽东的具体情况，还以为辽东真的如高淮说的那般富庶，能源源不断地把钱送到宫里来。所以，万历皇帝打算大大地嘉奖高淮。

高淮有了钱，就给自己组建了一支私人军队，以免自己横征暴敛的行为招来他人报复。他出高价雇佣当地蒙古族和女真族的汉子，他们个个外表剽悍，人高马大。他还从明军中挑选了一些英勇出众的士兵，同样出高价让他们替自己卖命。当时明朝的正规军队内部问题严重，有时候连军饷都发不下来，所以士兵们为了生计，也愿意改投高淮手下。

有了最好的兵卒，还得有最好的武器装备，高淮给私兵的武器、盔甲用的都是最好的材料，比正规军队还高一个档次，所有的战马也都是当地最优良的马。靠着这支私人武装，高淮在辽东地区为非作歹，无法无天。

说起战马，高淮早就在辽东地区做起了马匹生意。这里本就是明军马匹的主要来源地，几乎每时每刻都有军队采办来辽东买马。高淮看准了这一点，开始垄断市场上的良马。

每当高淮相中一匹良马，也不管主人开价多少，一律减到半价成交。谁敢反抗，就发动私人武装明抢。而这些以半价买回来的良马，都会以两倍甚至十倍的价格卖给明军。

军队肯定不同意,这简直太欺负人了。然而,就算他们不买高价的良马,愿意多花时间寻找普通的马匹,可是打听之下才发现,就连普通的马都已经掌握在高淮的手中。明军的官员没办法,只能再次找到高淮。

高淮马上变了嘴脸,军方既然之前拒绝购买良马,那么他就以高价卖给其他人了。如今你们又想要回头来买马,对不起,我这里只剩下最普通的马,但价格已经涨到了十倍。明军不仅买不到好马,连普通的马都要用极高的价格来买,这种买卖实在是做不下去了。辽东地区的驻军都是久经战场的血性之人,受了这种欺负,绝不会忍气吞声。他们私下托了些关系,趁着高淮忙碌的时候,抢先蹲守在马市,截取了一批良马。

高淮得知后大怒,他现在已经目中无人,居然带着自己的私人武装冲进军营,抢回了那批良马,全部转卖给其他买家。

辽东总兵马林立刻上书弹劾高淮。作为明军在辽东地区的高级长官,马林根本瞧不起高淮这个小太监,谁知此人居然敢大闹军营,而且就发生在自己的部队中,让他脸上无光。

高淮也没闲着,立刻给万历皇帝写信。在信中,他说马林因为向自己索贿未果,所以诬陷自己。要知道,高淮已经给万历皇帝送去了金山银山,深得皇帝信任,而马林虽然是辽东军区的指挥官,但毕竟离皇帝很远。这种情况下,万历皇帝自然更相信高淮。最后,马林被发配戍边,他身边的大小官员都受到了惩罚。

从此以后，再也没人敢与高淮起正面冲突，军队也只能忍让，避开高淮的势力范围。但是普通的老百姓可就没那么幸运了，他们祖祖辈辈积攒下来的财产被高淮抢了个一干二净，而且抢一次还不行，高淮对他们是反复压榨。高淮严格执行"矿税"法的几年时间，整个辽东被摧残得"商贾断绝、城邑罢市、闾里萧条、人迹稀少"。

忍无可忍的辽东人民只能揭竿而起，接连爆发了十多次起义，终于赶走了高淮。此时，明朝在辽东地区的威望已经不复存在。

因为高淮是代表朝廷的钦差，辽东地区的老百姓一看，原来朝廷的钦差就是这副模样，那皇帝得多荒唐。高淮这个太监，虽然鼓了自己的腰包，却损害了明朝在百姓心中的声誉。

因此，当努尔哈赤带着女真族反叛明朝的时候，辽东地区的城池几乎都是主动归降。对于辽东地区的人民来说，他们希望脱离明朝的压榨和迫害，而他们对明朝的失望与仇恨，大都源于高淮。

学霸查税引发的大乱

明朝时，徽州府歙县城西的新安卫出了一个"天才"，名叫帅嘉谟。他本人长得帅不帅不知道，但确实有真才实学。然而，他所引发的一场骚乱持续了近十年时间，从地方到中央朝廷闹得鸡飞狗跳，几乎每个官员每个部门都被卷入了这件事情之中。这位天才也因此出了名。

所谓的天才，并不是指他能够考上文状元或者武状元。因为帅嘉谟写文章不行，练武也不行，唯独对数字感兴趣，是个数学天才。

那时的普通老百姓连大字都不认识几个，更别说学习数学。可帅嘉谟是个学霸，不做数学题就手痒心痒。他有时候会在大街上来回踱步，只希望能找到练手的题库。别说，还真让他找到了。歙县架阁库里面放着历年的税收账本，当时歙县经济很发达，税收账本堆得像小山一般。其中记录的数字浩如烟海，正符合帅嘉谟的需求，这下他可有事情做了。如果账目核对得好，做出些成绩，兴许还能弄个小官当。

帅嘉谟天天和本地的税收账目打交道，一段时间后，他发现了一件值得深入研究的事。账本上有一个"人丁丝绢"税的名目，记录着收上来8780匹绢，如果换算成银子的话，就是六千多两，这是一笔不小的数目。问题倒不在于数目不对，而是这种税应该由徽州府下面的6个县平均分摊，但是在税收账本上，只记有歙县的数额，却没有其他5个县——休宁、绩溪、婺源、黟县、祁门——的数额记录。也就是说，歙县独自承担了这笔税。

帅嘉谟又翻了翻之前的账本，发现从明朝建立开始，两百多年来，那5个县都没有交过这笔税。他觉得这件事情有些蹊跷，两百多年了，就没有一个人发现这个问题吗？他反复查阅资料，发现还真有人反映过这件事，而且是越级上诉。只不过，这个上诉的人突然去世了，事情也就不了了之。

帅嘉谟认为自己有责任继续上报此事，于是决定效仿那个越级上诉的人，直接向应天巡抚告状。此时的应天巡抚就是大名鼎鼎的海瑞。

海瑞是出了名的清官，他得知此事后，立刻把6个县的官员都找了过来，准备查个水落石出。没想到，官员还没到齐，会议还没开始，海瑞就先被调走了。

这下徽州府的大小官员都松了一口气，也许这个会议顺利召开后，这笔税款就得由6个县平均分摊，可是那5个县的老百姓都已经两百多年没交过这项税了，突然间多出来一个税种，换谁都不愿意。徽州府的官员们可不想挑战民意，要是激起民怨就更不好办了。

海瑞是调走了，但是帅嘉谟还在。这位数学学霸始终认为，税收问题没得到解决是因为证据不足，所以自己还需要更加努力地收集证据。

实际上，关于这笔税的情况，徽州府的各级官员哪一个不比他清楚？钱粮丝绢从哪里收上来的，收了多少？这是个关乎利益的问题，而不是关乎证据。这一点，没有经受过官场政治洗礼的帅嘉谟始终没有搞清楚。

他继续翻阅税收账本，想知道问题出在哪里。他发现，明朝初年，歙县曾欠下夏麦9700石，要求交生丝补上。此后，这笔单独的"夏税生丝"税被篡改成了每年的"人丁丝绢"税，就这么一年年持续地收下去了。

海瑞走后，新来的巡抚也不管帅嘉谟的事情。帅嘉谟就决定继续上诉，而且要直接去南京上诉。南京的官员给了回复：会严格调查此事，然后由6个县平均分摊这项税目。

帅嘉谟总算得到了一个比较满意的答复，他高高兴兴地准备回家，却在路上遭到了暗杀。

幸亏帅嘉谟命大，逃过一劫。但他知道，自己已经被人盯上了，也不敢再回老家，只能先跑到外省避一避，等风平浪静了再回来。

帅嘉谟不见踪迹，也就没有人继续追究了，徽州府恢复了平静。4年之后，帅嘉谟突然现身，回到了歙县，跟他一起回来的还有出自歙县的精英团队。他们都是出身歙县的进士，有功名在身，有些还是朝廷高官。帅嘉谟花了不少力气才组建了这么优秀的团队，现在是要钱有钱，要人有人，此次回来就是要重新调查税收一事。在来的路上，帅嘉谟还打通了应天府，派出兵备道来处理此事。兵备道是个半司法半军事的机构，可以受理诉讼，关键是有武装力量。帅嘉谟的意思很明显，走法律途径，兵备道有司法机关支持，万一要打架，兵备道也能提供武力帮助。总之，他要调查到底。

徽州府的官员们都吓坏了。这件事不是已经过去4年了吗，怎么突然间又闹了起来？更重要的是，事情已经在徽州府的6个县中传开了。歙县百姓以前不知道，现在明白过来，原来我们白白交了那么多年的冤枉钱。其他5个县的百姓同样意见很大，以前压根就没收过的税，现在凭什么逼我们交？

百姓如此，官员们也没闲着。几个县的官员天天打口水仗，有时候甚至还会动手。歙县的官员认为自己治下的百姓白白交了那么多年的税，应该由其他5个县做出补偿，否则太不公平了。而其余5个县的官员不可能接受天降几千两银子的指标，这肯定是完不成的。整个徽州府都乱成了一锅粥，打的打、骂的骂，相互推诿，相互指责。

案件传到了北京，朝廷要求彻查。徽州府不敢怠慢，只能先支持歙县的要求。其他5个县见自己不占优势，于是提出了另外的解决办法，那就是查黄册。黄册是关于税收的原始记录，这是最具权威性的证据。

徽州府立刻派人查黄册，人们在浩如烟海的文件中翻了几个月，终于得出了重大结论：什么也没发现，根本就没有记载原始数据。消息传来，大家都炸了锅，一时间徽州府内到处生乱。户部实在是受不了，做出最后裁决：这笔税由各县均摊。

可是，歙县经济发达，整个徽州府的税收，歙县占了一半。如果平均分摊，明显是不公平的。所以徽州府官员把大家叫来商量，希望歙县出一半，剩下的由5个县分摊。这可以说是一个折中的方案，歙县作为最大的县，多出一点自然没问题，而其他5个县平均分摊剩下的钱，也算没吃大亏。这件事就这么告一段落了。

歙县人民敲锣打鼓，热烈庆祝自己争取来的胜利，帅嘉谟也被当成英雄，人们对他称赞有加。其他5个县的百姓可就不好受了，平白无故地多出一个税收项目。其实，公平地说，这5个县的百姓并没有吃多大亏，已经免去了两百多年的税款，现在要交的税还让歙县平摊了一半，已经占了大便宜了。但是那些百姓们并不这么想，苛捐杂税名目繁多，他们如何分辨这不是官员的刻意欺压呢？在他们眼中，这笔钱就是不应该交的。既然帅嘉谟闹一闹，官府就能够减税，那我们也能闹。

在这个节骨眼上，婺源县的知县退休了，代理县官正准备进京，办好交接手续再赴任。如此一来，婺源县出现了短暂的权力空缺期。当地的人们早就忍不住了，在一个善于演说煽动的读书人的带领下，成立议事院，把本地官员架空。从某种意义上说，婺源县突然间就达成自治了。在当时，自治基本就等同于造反。天下都是皇帝的，一个县城凭什么自治？

徽州府派去的官员还没到婺源县，半路上就被几千个老百姓堵住。其他的几个县见婺源县领头闹事，也不肯示弱。老百姓们拿着锄头、铁锹、锅碗瓢盆冲出家门，地也不种了，老婆孩子也不管了，全都成了"起义军"。

休宁县闹得最凶，老百姓直接占领官府，还伪造政府文件，下发给江南其他地区。文件上说，歙县要造反，人数足有数万之众。

在那个通信不发达的年代，外面的人无法弄清这到底是怎么回事，只知道徽州府陷入了瘫痪，各个县的官府都不起作用了，并且休宁县官方发出了警告，说歙县要造反。江南其他地区的官员还纳闷呢，徽州府到底在干什么，怎么手底下的县要造反了都不管？另外，为什么休宁县要到处传歙县造反的事情，难道徽州府已被占领，他们是在向外求援？

总之，这件事越传越邪乎，什么版本都有。

事情传到了南京，南京方面哭笑不得，但还得严肃面对。一方面，南京派人向江南地区其他州府解释事情经过；另一方面，开始严查徽州府民乱之事,并追究责任人,这其中也包括始作俑者帅嘉谟。

起初,徽州府想把5个县平均分摊的三千多两银子减少到2500两,可是5个县的老百姓还是不肯接受。徽州府没办法,为了尽快解决这件事,只能自己先扛下这笔钱。然而,徽州府的收入根本就不足以弥补这个大缺口,既然问题出在税收上,那也只能在税收上寻找解决办法。兴许省一省,这笔钱就出来了。到这里,事情终于得以解决,骚乱也趋于平息。

一个数学天才,竟然惹出了这么大的祸。整个事件历时10年,基本上江南地区各州县都被卷了进来,徽州府更是一度陷入了瘫痪,就连南京和北京两个都城都不得安宁。

此外,大明首辅张居正也抓住了这个千载难逢的好机会。帅嘉谟第一次上诉的时候,这个案件就已经放到了张居正的桌上。此前,张居正提出了"一条鞭法"改革方案,不过暂时没找到合适的试点地区。现在,徽州的乱局正好创造了一个推行改革的试点地区。自此之后,张居正的"一条鞭法"改革才得以正式推行,这对明朝未来的命运产生了深远影响。

如果当时帅嘉谟稍微粗心一点,没有发现问题,或者睁一只眼、闭一只眼,就不会引发这些事情了。

偏偏他死心眼地追查此事,让事件不断升级,各股力量都集中于徽州六县,进而使徽州变成了一个没有硝烟的战场。在这背后,尽是权力的斗争。而帅嘉谟最终的结局也颇令人唏嘘，这个认死理、求真相的学霸被打了一百大板，戍边充军了。

番薯如何进入中国

今天很多常见的农作物，其实都不是中国本土植物，比如说番薯。

番薯起源于南美洲。哥伦布到达南美洲后，发现吃了这种植物的块根之后不容易饿，而且味道也还不错，就把它带回了西班牙。

从此，番薯就开始在西班牙落户了。这种植物的生命力很强，给点水就能活，而且产量也高，于是番薯开始作为主食走进了千家万户。

后来，西班牙的海军势力慢慢壮大，不断扩张殖民地。占领菲律宾后，番薯这种农作物就跨越半个地球，来到了东南亚。当时的东南亚因为气候环境的限制，一直处于粮食不足的状态，番薯的到来彻底解决了这一问题。

那么，番薯又是如何从菲律宾传到中国的呢？这和一个叫作陈振龙的老秀才有关。

在古代，粮食不足的问题是困扰所有执政者的难题。如果说军队缺人，可以从民间征集；朝中没有人才，可以通过科举考试选拔；可是粮食不足，却没办法快速得到补充。所以，不论是菲律宾，还是大明，粮食问题都是摆在面前的第一困境。

陈振龙本是福建人，因为科举不顺，就和其他福建人一样打算到东南亚一带去经商。他先是到了菲律宾，发现这里的番薯作物产量非常高，如果这种农作物能够生长在大明的土地上，肯定能够减轻饥荒的困苦，让更多百姓不至于饿死。

陈振龙虽然是个落榜的读书人，但在异国他乡还心系祖国百姓，实在是难能可贵。但是西班牙人的态度很坚决，他们对番薯的价值心知肚明，所以绝不允许他人将番薯带出菲律宾。

西班牙人知道，一旦大明得到了这种产量超高的农作物，那么就会有足够的食物来养活人民、充当军饷。那个时候，西班牙无疑就会多一个强劲的敌人。这种帮助敌人的事情，他们是不会做的。

陈振龙不信这个邪，铁了心要把番薯带回大明。他把番薯藤混在绳子里，绑在一起，骗过了海关，然后以最快的速度坐船回到福州。他先自己尝试着种植番薯，测试这些在东南亚生长的作物能否适应福建的环境。如果番薯能够在自己的家中生根发芽，那就说明当地的气候和土壤适合番薯生长。实际上，番薯的适应性很强，很少受到环境的影响。不出所料，陈振龙种植成功，而且产量不低。他立刻上报此事，开始积极推广，不久，番薯种满了整个福建省。

陈振龙之所以放弃了科举考试这条路，就是因为他所处的时代的人口数量进入了爆炸式增长的阶段，全国的人口实在是太多了，参加科举考试的人也非常多，人多而机会少，就算他寒窗苦读十多年，也不一定能有所成就。与其一事无成，还不如早点放弃科举，转向经商的新道路。

明末时期，人口已经超过了1亿，光靠过去的小麦和水稻产量，已经无法满足1亿人口的粮食需求。那时，如果风调雨顺，老百姓或许还能顺利交上赋税，但不能保证吃饱肚子。要是遇上灾年，别说交税困难，还会出现大范围的饥荒，百姓吃树皮、吃观音土的事情时有发生。

番薯这种高产量农作物的引入，救了很多人。正常情况下，番薯的亩产可达每年六千多斤，而且非常容易烹饪，煮着吃、烤着吃，甚至生吃都可以。相比于小麦和水稻，番薯更便于携带。在今后的几百年中，番薯成了拯救难民的口粮。这种从南美洲辗转多次，被"偷运"进中国的超级农作物，如同一份天赐的礼物，给那段水深火热的末世历史带来了一丝转机。

后来，一个叫作陈益的广东人也从越南带出了一些番薯，回到了广东。从此，番薯也开始在广东大面积种植。

如果番薯能够早一点进入中国，可能历史就会被改写。引进番薯后，福建省的人口增长了数倍，足见番薯的影响力。就连郑成功收复台湾的时候，储备的粮食也全部都是番薯，其他的一概不要。百姓吃饱了饭，才有精力去思考其他的事情，让更多的人才参与到国家决策中，保证社会的正常运转。

但是很遗憾，番薯来晚了。

在福建和广东刚刚大面积种植番薯时，明朝已然走向了没落，国内战争四起，以至于番薯无法走出福建和广东两省，推广到其他地方。

在这个时期引入中国的作物除了番薯之外，还有玉米。玉米同样原产于南美洲，由殖民者带向世界各地。玉米的产量也很高，便于携带，和番薯一样是那个年代性价比高的农作物。

陈振龙的一个小小举动，救活了几百万人。但无论是当时的官府还是史书记载，都不重视他。这是因为，就在陈振龙引进番薯的前一年，日本的丰臣秀吉开始进攻朝鲜，企图占领朝鲜之后再进攻大明。明军将领李如松率军支援朝鲜，并且击退了丰臣秀吉，让其受到重创，短时间内无法卷土重来。这件事吸引了朝廷的注意力，他们不知道的是，此时有一位福建人正带着番薯藤，心惊胆战地通过了菲律宾的海关。他紧紧保护着番薯藤，生怕它受到一丁点的伤害。因为他知道，一旦番薯在中华大地上种植成功，就能解决几百万人，甚至全国人民的温饱问题。

对于陈振龙来说，他只想帮助更多的人解决吃饭问题，并不是为了留名千古。但幸运的是，史书为他保留了一席之地，让他能够被后人所了解、铭记。

导致大明议和失败的书童

明朝末年，公元1642年前后，大明王朝面临内忧外患，内部有李自成起兵造反，攻占了多个城池，势如破竹。外部有大清皇太极的大军兵临城下，一路高歌猛进，杀了明军十几万人，把明军打得是闻风丧胆。在这种情况下，明朝能做的只有先与皇太极议和，稳定了外部环境之后，才能全力对付李自成，平定内乱。

当时的皇太极也没打算尽快占领中原，以清军的实力，在辽东一带打败明军并不是难事，但想要拿下中原和江南，就有点难度了。皇太极的八旗军擅长打平地战，在攻城战方面不如明军，因此，他也愿意接受明朝的议和提议。

有了这个前提，大明就开始准备议和的事务。皇太极提出的条件是，明朝每年给付一些岁币，自己则拿一点东北土特产作为回赠，双方以国家之间的平等关系来往，这就够了。这不算狮子大开口，甚至还有点同情大明的意思。虽然大明实力大减，但对于这点条件还是可以满足的。崇祯帝虽然也希望议和，但是大明皇帝的祖训让他犹豫不决。大明向来讲究天子守国门，君王死社稷。现在自己要与大清议和，对得起列祖列宗吗？

兵部尚书陈新甲看出了崇祯帝的心思，主动对崇祯帝进言，他自愿代表朝廷，秘密安排议和之事。崇祯帝自然同意，如果事情办成了，就能够暂时保住大明的江山，如果事情办砸了，那也不是自己的责任。他还特意交代陈新甲保守秘密："这件事只能有你我两人知道。"

陈新甲派出了兵部郎中马绍愉前往大清，大清也是毕恭毕敬，并没有拿出胜利者趾高气扬的姿态，他们用最高规格接待了马绍愉，马绍愉走的时候，大清也隆重欢送。重点是，大清提出的条件真的不算苛刻。

一、崇祯帝作为合法的皇帝，必须承认大清也是一个合法的政权，大明和大清是同等地位的，两国可以相互交往；二、大明每年要给大清万两黄金、百万两白银，同时大清回赠大明千斤人参、千张貂皮等；三、双方的边界必须约定清楚。以宁远双树堡中间土岭为大明国界，以塔山为大清国界，中间为缓冲区，两国人民可以相互贸易；四、相互归还战争中的俘虏。往后遇到什么大事，两个国家之间还要进行相互道贺、吊丧等礼仪往来。

从条约当中我们隐约能够看出，大清的目的并不是剥削大明，而是为了让大清的地位得到承认。也就是说，从此以后大明必须以对待国家的礼仪对待大清政权。但是每年万两黄金和百万两白银的岁币又提醒着大明，自己处于败方的位置。

现在的大明,金银财宝拿出多少都行,唯独拿不出军队和信心。

马绍愉紧急派人快马加鞭把和谈情况传回北京。陈新甲看了看条件,脸上露出了久违的笑容,这对大明来说绝对是一个天大的好消息。

陈新甲一激动就想去厕所,他打算等一会儿就把这份文件秘密送进宫中,呈给皇帝。结果,历史就在这几分钟之内被彻底改写了。

明朝时,政府的公文分为两种:第一种是邸报,大致就是大臣们的奏章和皇帝的批文;第二种是塘报,主要是一些关于军事的消息,塘报会发放到各省的驻京办事处,向各级政府传达消息。

陈新甲有个书童,平时会帮助他整理文件。就在陈新甲上厕所的这几分钟内,这个小书童看书桌上有一份文件,以为和往常一样是普通的塘报,他也没多想,直接拿走送到驿站,发放给各省的驻京办。

这份文件的内容不仅仅是大清提出的议和条件,还有一些双方讨价还价的细节。如果让朝臣看到,必然会为本朝大臣对异族卑躬屈膝的姿态而感到耻辱。

陈新甲上完厕所出来,神清气爽,准备拿着文件去宫里,谁知道一看书桌,文件没了。他一拍大腿,心里暗骂一声:"不好。"

大明朝廷从上到下,恐怕只有皇帝同意议和,绝大多数文臣武将都希望和皇太极继续打下去。可也只有崇祯帝知道,继续开战的结果就是加速葬送大明的江山。

这样一份议和文件,一旦传到了各省的驻京办,然后再传到各位大臣的手中,还不一下炸开了锅?谁能想到,他们在前线拼死拼活地抵抗皇太极,皇帝竟然在背后秘密议和。

众大臣义愤填膺,要求立即叫停议和,并追究提出议和主张的人。皇帝是一国之君,大臣自然不敢要求惩罚皇帝,只能退而求其次:"惩罚主张议和的官员。"

崇祯帝以为不会有人知道秘密议和的事情,谁知满朝文武突然都知道了。他怒火中烧,自己曾经多次告诫陈新甲不要外传,怎么搞得满城风雨了?"这口黑锅我是不会替你陈新甲背的,既然是你惹出来的祸,你就得付出代价。"陈新甲还想辩解,他连续上书,澄清自己所有的安排都经过皇帝的授意……崇祯帝根本不想听这些,直接下令处死了陈新甲。

议和从此搁置。应该说,这是崇祯帝亲自拒绝了最后一个延续大明的机会,他选择让陈新甲做自己的替罪羊,心里想的还是推卸责任,而非将议和摆上台面。崇祯帝本该平衡各派意见,让大臣们协调合作,最终将正确的计划付诸行动。然而他只想着逃避,又不想得罪大臣们,所以出了事就杀人顶包。这样的皇帝,还会有谁愿意替他卖命?

崇祯帝在位17年,总共换了50个内阁大学士,14个兵部尚书,杀掉了11个巡抚。大学士就相当于明朝的智囊团，多次更换智囊团，说明朝令夕改，拿不出像样的政策。而兵部尚书则相当于军事上的最高指挥官，连这种高级官员都遭到多次更换，地方官员的更替只会愈发频繁，可见当时政局之混乱。

2年后，崇祯帝在煤山上吊自杀，他试图讨好的大臣们则排着队欢迎李自成去了。天子守国门，没能守住；君王死社稷，倒的确一命呜呼了。

话说回来，给陈新甲打工的那个书童实在是太勤劳了，但凡他懒惰一点儿，也不至于闯出这么大的祸。可能这一切都是上天注定的吧。

清宫秘闻的源头

　　古时候，社会规则讲究孝道，清朝的皇帝都按照"以孝治天下"的理念执政。所以说，皇帝违背长辈的话是不行的，尤其是父亲、祖父、曾祖父等，那都是历任的先帝。

　　然而，有一个名叫曾静的人，居然让乾隆皇帝不惜违背父亲雍正的遗诏，冒天下之大不韪，无论如何也要将他处死。这个曾静到底做了什么，竟令乾隆如此痛恨？

　　曾静出身草根家庭，要钱没钱，要权没权。但他喜欢读书，学习很好，从小就受到亲戚们的一致夸奖。在那个年代，家族中能出一个会读书的孩子可是个大事。所有人都认为，曾静将来能够考上进士，当上大官。久而久之，曾静开始飘飘然，好像高中在望，官服和乌纱帽就在眼前，触手可及。

　　然而，曾静考上秀才十几年后，已经40岁的他仍然名落孙山。40岁，已经到了不惑之年，当时的平均寿命也才50岁左右，土都埋到小腿了，还是一事无成，这样下去不行。曾静是个读书人，转行当农民是不可能的；当商人，读书人本就瞧不上经商一行，士农工商,商人排在最后,再说他也没有做生意的本钱。

慢慢地,曾静心中的怨愤转化成了一种极端的想法——不如造反,反清复明——这个妄想逐渐在曾静心中生根发芽。他找来了反清复明斗士吕留良的遗作,准备拜读一番。吕留良打心底里不认同清朝,他认为,清朝的政权不是正统政权,必定会被民众推翻。

曾静越读越钦佩,甚至认为吕留良这样的人才应该做中国的皇帝。与之类似的想法其实在历史上不少见,许多读书人都认为应该选择道德模范或文采出众的文化人作为统治者,实际上就是认为应该由他们自己执政。但他们其实并没有认清事实,如果他们推翻了现在的政权,可能他们的所作所为还比不上前一个皇帝。这些书呆子总把每件事都想得极其简单,要是真让他坐在龙椅上平衡各股势力,他还真的做不了。

曾静显然没有意识到自己的问题,他认为自己的反清思想已经成熟,接下来就该付诸行动了。于是,他到处打听宫里的负面消息,想要寻找清政府的丑闻。没过多久,雍正帝软禁了自己的八弟胤禩,然后把他和他的同党都流放到了广西。这群人从京城被押送到广西,一路上没少散布关于皇帝的坏话,核心也就一句话:雍正帝是阴谋夺权,得位不正。

曾静听到了这个消息后,立刻派弟子张熙给川陕总督岳钟琪送信,信中列举了雍正帝的罪状:谋父、逼母、弑兄、屠弟、贪财、好杀、酗酒、淫色、诛忠、好谀任佞等。

这个岳钟琪是谁？他是岳飞的后人。曾静的意思是，当年岳飞就是抗金名将，保卫的是汉人江山，你作为他的后人，怎么能给异族政权效力呢？而且现在皇帝无道，你应该出来反对他，推翻这个不得人心的朝廷，给天下人做一个表率。

岳钟琪虽然是岳飞的后代，但他也是清朝的官员，对皇帝非常忠心，他立即举报了曾静。

曾静的行为算得上谋反，尽管曾静只有一个人，充其量再加上他的弟子张熙，一没有武装，二没有组织，看上去毫无危害性。但是他写信煽动军事官员造反，本质上与谋反大罪毫无区别，是板上钉钉的死罪。

清朝对"反清复明"是异常敏感的，现在出现了案例，自然不敢疏忽。朝廷马上派人马不停蹄地来到了曾静住的地方，把他俩抓回京城，严刑拷打。曾静很快就全部招认，从自己落榜，到读了吕留良的书，再到鼓动岳飞后代造反，一股脑儿都交代清楚。

雍正帝看了案卷，认为这件事情的源头并不在曾静，而在吕留良的书。只要吕留良的书还在民间流传，那么以后可能还会出现第2个、第3个、第4个曾静，无休无止。只有消除了这些教人反叛的书籍，才能消灭罪恶的源头。

于是，一场严酷的文字狱降临到江南大地。吕留良的后人被全部杀光，也许吕留良的在天之灵会感到冤枉，自己连曾静的面都没见过，却稀里糊涂地因为这个祸害惨遭灭门。

令人意外的是,曾静却被无罪释放了。重获自由以后,他却惶惶不可终日,生怕再被官府追查。他没有去给吕留良的后人上香告罪,而是写了一篇文章《归仁录》,把雍正皇帝捧到了天上。文章里说:"雍正帝英明神武,自己这个不知天高地厚的读书人犯了大错,读书把脑子读坏了。现在大清朝这么好,我居然反对大清,实在是罪该万死。"

雍正帝看了这篇文章,还逐一做了批复。他说:"满汉是一家人,清朝政权是正统的。传谣者所说的谋父、逼母、弑兄之类的罪名都是假的。你来过皇宫吗?你在皇宫里生活过吗?你没在皇宫里生活过,怎么能知道事实的真相呢?就算我们满族皇帝之中有品行不端、处事不够好的皇帝,但你敢说汉族皇帝就都是明君吗?"

雍正帝还把这些答疑编成了一本书,叫作《大义觉迷录》。

经过这一问一答,事情就算过去了。不仅如此,可能因为曾静写的那篇夸赞文章实在是太好了,雍正帝一高兴,还给了曾静一个新职务,让他去南方地区宣传清政府及皇帝的好处。这份工作真是为曾静量身定制,目的就是让南方士族看看:曾静,曾经一个反清复明的叛徒,皇帝不仅没有杀他,还让他四处巡讲,这不正表现了皇帝的宽仁吗?谣言必然不攻自破。

为了让曾静放心,同时也为了收买人心,雍正帝还表示,自己绝对不会杀了曾静,也不会伤害曾静的家人,以后的清朝皇帝都要遵守他的旨意。至此,曾静心里那个沉甸甸的石头,算是放下了。

雍正去世之后，乾隆帝继位。乾隆刚上位，就认为父亲雍正很多事情都办得不对，就比如这《大义觉迷录》，里面把谣言也原封不动地记录了下来。记载大臣和皇帝之间的答疑尚可理解，可是类似霸占嫂子为妃这样的香艳故事也给写了下来，还大量刊印，到处传播，这不是增强了传谣力度吗？

整本《大义觉迷录》，正经的内容没占多少，争权夺位、后宫丑事倒是不缺。即便都是假的，也禁不住天下人的议论，众口铄金，传得多了，谣言也变成真事了。

乾隆翻看《大义觉迷录》后，气得直拍脑门。雍正帝本来是想用这本书来宣扬政权的合法性与合理性，结果却成了天下人的笑柄。乾隆伤透了脑筋，只恨当初父亲雍正为什么不直接杀掉曾静，斩草除根，免得让事情发展到不可收拾的地步。为了维护皇家的尊严，乾隆不惜违反父亲的命令，下旨处死了曾静。

因为曾静一人，引发了江南地区的文字狱，导致数以万计的人丢掉了性命。最终，曾静也为这段莫名其妙的谋反事件付出了失去生命的代价。

山寨经书的作者

太平天国运动的爆发,很大程度上动摇了清朝的统治根基。经过太平天国的洗礼,百姓的心中产生了反抗的想法,清王朝的统治开始逐渐瓦解。从历史的角度来看太平天国运动,它爆发于社会的危机中,但爆发之前肯定存在一段积蓄压力的时期,这就涉及太平天国创始人的早期经历,其中就有不少平凡人的故事。

乾隆五十八年(1793),英国使团到来,在热河行宫谒见了乾隆皇帝。当时的使团团长是马戛尔尼,初来乍到,英国人也不懂中国规矩,他们就按照老家那一套,单膝跪地向乾隆皇帝行礼。乾隆很不高兴,在他看来,普天之下,谁见了他都得三叩九拜。你们不过是番邦小国的使者,见了天朝上国的皇帝,竟然不肯叩头,真是大不敬。

没过多久,乾隆皇帝把皇位禅让给儿子嘉庆,自己当了太上皇。新皇登基,英国又派出一个使团道贺,这次的团长是个英国伯爵,名叫阿美士德。

使团下船之后,到达的第一站是广州。当时的两广总督接待了他们，鉴于阿美士德的前任在乾隆皇帝面前失礼，这次送使团进京之前，接待使团的官员打算先给他们培训一番，但遭到了阿美士德的拒绝。即便如此，两广总督照样有对策。既然你不愿意给我们的皇帝下跪，那我就拖延行程，不让你进京。两边就这样相互拉扯，耗着对方。

最终，强龙不压地头蛇，阿美士德没能耗过本地人，也没能见到乾隆皇帝。不过这位伯爵大人是个倔强的人，他离开的时候，留下了自己的秘书，让他继续等待觐见的机会。

秘书马礼逊替老板留在中国，他一边等待机会，一边模仿中国人的生活习惯，每天穿着长袍和厚底靴，甚至蓄起了头发和胡须，学中国人用筷子吃饭，努力把自己的一言一行变得像个真正的中国人。因为会说中文，他不遗余力地在两广地区向中国人传教，还收了几个徒弟。

理雅各是他的英国徒弟，在中国待了很多年，是个地地道道的中国通。当时的英国，乃至整个西方世界，对中国文化经典的了解都来源于理雅各翻译的"四书五经"。可以说，理雅各靠一己之力促进了中西文化的交流。

马礼逊的另外两个徒弟是土生土长的中国人，其中一个名叫梁发，他虽是个不起眼的小人物，却对太平天国运动的兴起具有重要作用。

梁发原名梁阿发，出身于穷苦人家。小的时候念过几年书，后来家里没钱供他继续读书了,他就出来做小生意,靠卖毛笔为生。后来,他又辗转来到广州,做刻板的营生。以前的印刷业需要使用刻字模板,梁发就是给人雕刻字板的。也正是在刻板子的过程中,他接触到了基督教。

1815年,梁发接到了一笔生意。一位信奉苏格兰新教的米怜传教士雇用梁发刻一些宗教小册子和《圣经》的部分段落。在雕刻模板的过程中,梁发相当于读了一遍《圣经》,逐渐产生兴趣,又在米怜传教士的感召下,放弃了原有的佛教信仰,在一个礼拜天接受了米怜的洗礼,从此皈依基督教。

在之后的基督教徒生涯中,梁发对教义的理解逐渐加深,自己写了一本叫作《救世录撮要略解》的著作。尽管这本书不厚,只有37张纸,但也是梁发精心研究的成果。他顺势发挥了自己的职业专长,将这本书印了200本,兴冲冲地到处售卖,然而无人问津。无奈之下,梁发只好把小册子拿到郊外,免费发放给村民。结果因为出版书籍没有经过官方允许,梁发被判处鞭刑,他的刻板被付之一炬,房子也被没收了。

经过这次劫难,梁发丝毫没有怪罪基督教,反而变得更加坚信。他亲自为妻子做了基督教洗礼,还让马礼逊给自己的儿子也做了洗礼,全家都成了基督教徒。

几年之后,米怜去世了。伦敦布道会正式给梁发授权,让他成为中国地区的传教士。获得了官方认可,梁发更加积极地投身于传教事业。他想把自己对基督教的理解和感悟写成一本书，用中国本土的语言和道理来阐述基督教义。经过他的不懈努力，中文改良版的《圣经》——《劝世良言》终于问世。这本书是梁发根据自己多年传教事业的经验编写而成的，并不是对《圣经》的直译。书中将基督教用语都做了本地语言的翻译或改编，比如说耶和华被翻译为"爷火华"。

《劝世良言》相当于《圣经》的山寨版本，只是语言更加通俗，内容更加浅显。要是正经的基督教徒看了，估计能把人气得吹胡子瞪眼。

为了加大新书的宣传力度，梁发不仅跑遍了附近各县，找主持考试的学政帮忙，还运用了更加方便的石版印刷术，增加印量。他甚至守在广州的贡院附近，把书免费发放给前来参加考试的考生。

1837年，有个叫洪火秀的年轻人也来广州参加科举考试，他顺手接过了免费发放的小册子。因为当时的洪火秀一心想着考试，就没有在意这本白送的小册子，只是让它在书篓里静静地待着。

等到科举考试的成绩放榜，洪火秀发现自己没有考上，这已经是他第3次落榜了，不由得失落悲愤，浑身无力，最后不得不雇了两个人将他抬回家。回去以后，失望至极的洪火秀大病一场，像得了精神病一样胡言乱语，等他清醒之后，又说梦见一个黄袍童子对自己讲了很多话，可是具体内容却想不起来。家里人一度以为洪火秀疯了。

后来，洪火秀一边在隔壁村教书，一边继续备考，希望下次科举能高中。1843年，洪火秀迎来了人生中的第4次科举考试，结果还是没中。心灰意冷的他在家中无所事事，意外地翻出了当年那本小册子《劝世良言》。

世间的事就是这么巧，《劝世良言》的开篇就写着，科举毫无意义，不值得浪费时间。然后又列举了耶稣12岁就显露慧根，30岁开始传教布道，开启人生新篇章，从此走向辉煌。更加巧的是，4次落榜的洪火秀正当而立之年，耶稣的经历极大地安慰了这个失意之人。

这本小册子简直就是给洪火秀量身定做的一样，他突然回忆起当年生病时，黄袍童子在梦中对他说的话。从此以后，他仿佛找到了新的人生道路，先是为避讳书中的圣人"爷火华"的名号，把自己名字中的"火"字换成了多次出现在圣经中的"全"字。于是，洪火秀就此变成了太平天国的创始人洪秀全。

新的名字预示着新的人生。洪秀全果断放弃了自己前30年为之努力的科举目标。他带着这本小册子，以上帝的次子、耶稣的弟弟这个新身份重新出现在人们的视野中。他创立了"拜上帝教"，聚集大量信众，从此举起了反抗清政府的大旗。

每一件惊天动地的历史大事都不是一蹴而就的，背后隐藏着无数平凡的小人物和他们的故事。谁又能想到撼动清政府根基的太平天国运动，竟然和英国使团拒绝对中国皇帝下跪有着奇妙的关联。

从乾隆皇帝到马礼逊，从梁发到洪秀全，直至太平天国运动的全面爆发，这中间环环相扣、层层递进，仿佛多米诺骨牌依次倒下，最终汇聚成宏大的历史图景。